COACHING
PARA ADVOCACIA
UMA MUDANÇA ESTRATÉGICA PARA SUA CARREIRA

JULIO AZEVEDO
EVERTON SIMON ZADIKIAN

COACHING
PARA ADVOCACIA
UMA MUDANÇA ESTRATÉGICA PARA SUA CARREIRA

Direção Editorial:
Marlos Aurélio

Conselho Editorial:
Avelino Grassi
Fábio E. R. Silva
Márcio Fabri dos Anjos
Mauro Vilela

Capa:
Tatiane Santos de Oliveira

Copidesque:
Ana Rosa Barbosa

Revisão:
Thiago Figueiredo Tacconi

Diagramação:
Tatiana Alleoni Crivellari

Imagem da capa:
Vector Open Stock

© Editora Ideias & Letras, 2020
2ª impressão

Rua Barão de Itapetininga, 274
República - São Paulo/SP
Cep: 01042-000 – (11) 3862-4831
Televendas: 0800 777 6004
vendas@ideiaseletras.com.br
www.ideiaseletras.com.br

Dados Internacionais de Catalogação na Publicação (CIP)
(Câmara Brasileira do Livro, SP, Brasil)

Coaching para advocacia: uma mudança estratégica para sua carreira/
Julio Azevedo, Everton Simon Zadikian
São Paulo: Ideias & Letras, 2016

ISBN 978-85-5580-013-9

1. Advogados – *Coaching* 2. Carreira profissional - Desenvolvimento
3. Carreira profissional - Planejamento 4. Competências 5. Direito
6. Liderança 7. Sucesso I. Título.

16-00690   CDD-347.965.5

Índice para catálogo sistemático:
1. *Coaching* para advogados: Direito   347.965.5

JULIO AZEVEDO:
À minha mãe (*in memorian*), à minha avó Therezinha
e ao meu avô Jairo Azevedo (*in memorian*)

EVERTON SIMON ZADIKIAN:
À minha esposa Edit e filhas Narinê e Adrinê

Sumário

Nota dos autores 9

Prefácio 11

Parte 1

Capítulo 1 | *Coaching* como mudança de vida 15
Capítulo 2 | *Coaching* como liderança para advogados 33
Capítulo 3 | *Coaching* como consultoria 45
Capítulo 4 | O advogado como *coachee* 53
Capítulo 5 | *Coaching* de conscientização 61
para advogadas e advogados
Capítulo 6 | *Coaching* para empresas jurídicas 69
Capítulo 7 | *Coaching* para retenção de talentos 75
Capítulo 8 | Formação de equipes de *coaching* 81

Parte 2

Capítulo 9 | Os novos *coaches* 89
Capítulo 10 | O *coach* aprende a ouvir e perguntar 95
Capítulo 11 | A construção de um projeto de *coaching* 107

Parte 3

Capítulo 12 | Resiliência para o *coaching*   119

Capítulo 13 | O *coaching* na velocidade   127
de crescimento do mundo

Capítulo 14 | *Coaching* como inovação   133

Capítulo 15 | *Coaching* – para estabelecer   137
e manter redes de contato

Posfácio   141

Agradecimentos   143

Nota dos autores

Desde o início da construção do pensamento jurídico e com a evolução da sociedade, o Direito sofre transformações constantes, e os profissionais da área, em especial o advogado, necessitam de ajustes no seu modo de pensar, agir e se comportar perante essas mudanças.

O livro *Coaching*[1] *para advocacia* surge como uma ferramenta moderna no auxílio da construção de profissionais que visam superar as expectativas do mercado de trabalho, e com as inovações trazidas pelo Direito, das novas demandas que surgem pelo avanço da tecnologia – Direito Digital, *Compliance* e muitos outros. À medida que essas áreas evoluem, o *coaching* para advogados se mostra como alternativa para o desenvolvimento de carreiras, seja de indivíduos ou de empresas jurídicas.

Este livro foi concebido como um curso cuja função primordial é o aprendizado e o desenvolvimento da técnica de *coaching* para advocacia.

Vale ressaltar que o *coaching* como ferramenta foca no crescimento, desenvolvimento e aprimoramento, para que produza mudanças no comportamento pessoal e profissional, por meio da Sociologia, Filosofia, Administração e de muitas outras ciências.

Esta obra é, ainda, uma homenagem aos milhares de advogados que, anonimamente, conduzem com dignidade a Justiça neste país. Eles, por dezenas de motivos, perdem chances de

---

1 Nota do editor: *coachee* se pronuncia "coutchí", *coach* se pronuncia "coutch" e *coaching* se pronuncia "coutchin".

crescimento em sua carreira profissional ao esbarrar em obstáculos e deixam de transformar seus sonhos em realizações por não terem um acompanhamento, como o de um *coaching*, desde o início de sua carreira para orientar e ajudar a tomar decisões corretas e escolher o melhor caminho a seguir.

O *coaching* proporciona ganhos que não se limitam a bons resultados no ambiente jurídico, como a procedência de uma ação. Trata-se de uma prática com resultados para todos os aspectos da vida. Muitos casos talvez não possam ser mensurados imediatamente após seu processo de aplicação e pode ser que os resultados só apareçam na carreira do advogado ou de uma empresa jurídica após meses. No entanto, com certeza, se bem desenvolvido, um produto final positivo aparecerá e uma nova geração de advogados com maior capacidade de liderança, novas formas de trabalhar e buscar uma Justiça mais eficaz surgirá.

Vivenciamos, cada dia mais, um número maior de oportunidades, e a necessidade de um *coaching* para advogados, principalmente em início de carreira, se torna primária, sendo essa nossa contribuição. Talvez não consigamos alcançar todos, porém, se contribuirmos para que cada um encontre a razão de ser advogado, já será válida a experiência proposta nesta obra.

Prefácio

O livro *Coaching para advocacia* é sem dúvida um instrumento que deve ser lido por todo e qualquer advogado bem-sucedido, que almeja o sucesso ou que esteja interessado em testar novos paradigmas em busca de uma melhor relação de eficiência e eficácia em sua vida profissional, assim como aqueles que estão em busca de mais equilíbrio em sua vida pessoal.

Os autores tiveram a preocupação de manter um linguajar simples, direto e efetivamente voltado ao leitor iniciante nesta temática, o que torna sua leitura um diferencial a ser aproveitado por uma grande massa de advogados.

Quanto ao tema em si, não devemos ter medo de reconhecer que precisamos, sempre, de uma bússola, um norte, um guia. Isso ocorreu desde que aprendemos a andar de bicicleta, quando alguém segurava atrás do banco para nos dar equilíbrio, gerava confiança e nos desafiava a ir em frente. Foi o que aconteceu com os Reis Magos, guiados à manjedoura para o encontro com Cristo. É o que acontece com as abelhas que, guiadas pelas suas fiéis desbravadoras (abelhas obreiras), encontram o alimento necessário para a mantença da colmeia.

A advocacia atual, em especial, exige uma mudança de comportamento. Os problemas, a estrutura, os clientes e o Direito de hoje exigem uma mudança de comportamento. Então, é preciso conhecer, refletir sobre, e organizar uma ação focada em resultados, coordenada e planejada, para efetivamente encontrar aquele binômio de eficiência e eficácia na vida profissional com o equilíbrio da vida pessoal.

Portanto, se você é um advogado que pretende aplicar à sua vida profissional ferramentas de *coaching* que podem lhe ser úteis no cotidiano, ou se é um profissional que pretende atuar como *coach* na advocacia, seja bem-vindo, o livro é este! Boa leitura e bons resultados!

Luis Fernando Rabelo Chacon[1]

---

1 Advogado, mestre em Direito e professor universitário. Coordenador de Novos Mercados e Gestão Legal da Comissão Estadual do Jovem Advogado da Ordem dos Advogados do Brasil – Seção São Paulo (OAB/SP). Autor do blogue Advocacia Hoje.

Parte 1

Capítulo 1

Coaching como mudança de vida

Nosso objetivo é ajudar advogados bem-sucedidos e em início de carreira a alcançarem uma mudança de comportamento, no ambiente jurídico, de forma duradoura e mensurável, no que diz respeito ao ambiente de trabalho, a suas equipes e vida pessoal. Ao adotar o *coaching* como filosofia e seguir os caminhos do processo, surgirão mudanças de comportamentos, atitudes e objetivos.

O *coaching* pode ser uma ferramenta para tornar o advogado mais maduro, capaz de crescer, gerar valor e qualidade no serviço que presta.

O *coaching*, como vem sendo praticado hoje, é uma relação muito mais estimulante do que entre um professor e aluno, psicólogo e paciente, mestre e aprendiz. No *coaching,* para que todo o potencial se manifeste, mudanças têm que ser realizadas, e medos e preocupações têm que ser deixados totalmente para trás. Na relação *coach* e *coachee* não há diferenças, somente assim as dúvidas podem ser levantadas sem censuras e as metas e os planos traçados podem ser alcançados.

Há vários momentos em que se pode aplicar o *coaching*: no âmbito profissional, pessoal, familiar e muitos outros. Neste livro, abordaremos os diversos passos, necessidades, riscos e ganhos do processo de *coaching*.

A prática de *coaching* se dá individualmente e em um ambiente empresarial. Ela vai além de um treinamento que visa exclusivamente à melhora profissional ou à sua preparação para um futuro de mudança e responsabilidade do *coachee*. Essa prática deve ser entendida como uma parceria que busca resultados para a vida e carreira, com vistas à ampliação de horizontes, à consolidação de novas alternativas e ao encorajamento, tanto de *coachees* quanto do *coach*, no que concerne à superação dos limites que ambos acreditam serem impeditivos para o crescimento.

O *coaching* patrocina uma profunda transformação de todos os envolvidos por colocar lado a lado indivíduos com conhecimentos diversos. Essa dinâmica incentiva neles o desenvolvimento de qualidades como curiosidade, experimentação e inovação.

Coaching, coach e coachee

Coaching, em uma definição geral, é um processo de mudança de comportamento que tem como objetivo motivar, realizar objetivos com metas a serem alcançadas, sejam elas profissionais ou pessoais, por meio de um *coach*.

O *coach* (treinador) é o profissional cuja tarefa é auxiliar os *coachees* no seu desenvolvimento profissional ou pessoal, e que atua de forma motivacional com aplicação de técnicas em um plano de ação traçado individualmente.

Os *coachees* são as pessoas (clientes) que passam pelo processo de *coaching*.

O que o *coaching* pode fazer
pelo *coach* e pelo *coachee*

Ter um *coach* é um dos ativos mais valiosos que alguém pode adicionar à própria carreira. Mas por que um processo de *coaching* poderia ser mais relevante que uma pós-graduação, uma sessão de análise, ou qualquer outro tipo de treinamento? Além da constatação imediata de que, nesse processo, o *coachee* pode contar com a presença, em regime de exclusividade, de alguém sinceramente interessado em seu sucesso profissional e pessoal, as ações de *coaching* podem ter grande repercussão em momentos críticos da vida ou de crescimento pelos quais todos nós passamos.

Durante nossa vida, experimentamos inúmeras transformações; de modo geral, elas se encaixam em um destes momentos:

- Momento de transição.
- Momento de afirmação.
- Momento de crise.

O momento de transição pode surgir quando iniciamos nossa vida profissional, deixamos a casa dos nossos pais, colocamos o pé na estrada, escolhemos trabalhar como autônomo ou empregado. Também acontece quando aceitamos um convite para uma nova função profissional, para a qual ainda não nos sentimos inteiramente preparados.

O momento de afirmação ocorre quando nos tornamos seniores e temos um grande desejo de repartir nossas experiências, seja por termos a motivação de servir aos nossos semelhantes, porque precisamos formar sucessores para nosso legado, seja por simples vaidade ou porque queremos ser vistos como superiores.

Um momento de crise pode ocorrer, por exemplo, quando o trabalho ou o prestígio de um advogado está ameaçado, ou quando a saúde ou o relacionamento está debilitado.

Nessas fases, a vida profissional e a pessoal começam a se entrelaçar. Momentos de crise no trabalho costumam respingar nos relacionamentos privados e vice-versa. Mudança de trabalho, de cargo e de função também provocam impactos que atingem famílias e outros relacionamentos fora do escritório. E a fase da difusão costuma coincidir com o período de maturidade, que traz em si coisas boas e ruins.

O *coaching* é capaz de transitar pela vida pessoal e profissional, e é essa capacidade que o torna tão efetivo. O *coaching*, portanto, costuma surgir na vida dos profissionais mais novos quando estão passando por um importante momento de mudança ou de crise, e é capaz de motivar os mais experientes, quando desejosos e prontos para difundir seus conhecimentos.

E quanto ao *coach*? O que ele ganha? Altruísmo, solidariedade, o prazer de legar o melhor de sua experiência para futuras gerações são sentimentos capazes de garantir integralmente aqueles que estão nessa fase generosa da vida.

O *coach* habilidoso deve ser capaz de propiciar ao seu *coachee* as condições ambientais necessárias, sem negar ou ignorar suas crenças. Isso lhe permitirá evoluir para um estado mental mais enriquecedor, sendo capaz de absorver conhecimentos e de ter uma visão construtivamente crítica de si. Para isso, o *coach* deve delinear um espaço confiável e seguro, no qual o *coachee* poderá expressar suas dúvidas, necessidades e expectativas. Também deve escutar o *coachee* de maneira ativa e fazer sugestões, que lhe permitirão desenvolver pensamentos e posturas mais confiáveis, pontos que veremos mais adiante.

O resultado de um processo de *coaching* mostra que o *coachee* passa a dar o melhor de si em seus próprios projetos, sendo capaz ainda de mudar suas crenças e modelos, tornando-se mais maleável, ágil e criativo. O *coachee* adquire mais objetivo, sendo suas ações mais assertivas e sua capacidade para aferir resultados de seu desempenho e suas ações, mais desenvolvidas.

Por que os advogados precisam do *coaching*?

Implantar ou optar por um processo de *coaching* é uma decisão que indivíduos ou organizações com visão de futuro costumam tomar. Individualmente, é uma opção íntima, de desejo de mudança, insatisfação com a real posição da carreira ou algo pessoal. Do ponto de vista empresarial, somente escritórios de visão, capazes de avaliar criticamente o próprio desempenho e com o destemor necessário para renovar suas práticas, terão a determinação necessária para experimentar essa prática. Não é difícil entender o motivo. O *coaching*, de alguma maneira, subverte os conceitos tradicionais e para o advogado é muito difícil se desvencilhar dessa posição.

Além disso, o processo de *coaching* só é capaz de trazer bons resultados caso o *coachee* saiba claramente quais são suas necessidades e seus objetivos a serem transformados para atingir a meta final. Assim, antes de iniciar um processo de *coaching,* é preciso saber: quais os conhecimentos estratégicos a alcançar e multiplicar, quem no escritório realmente precisa passar pelo processo, em quem será necessário investir e por quê.

O que a observação da realidade mostra claramente é que advogados que almejam se perpetuar no mercado, seja o tradicional ou o arrojado, precisam de algum processo de *coaching*. Isso porque as mudanças são constantes e a necessidade de ser eficiente se torna primordial no dia a dia. E o processo de *coaching* é ideal para manter essa renovação, motivando o advogado a se tornar um líder e empreendedor.

O papel do *coach*

É fundamental que candidatos a *coach* saibam exatamente seu papel e os desafios e as realizações que essa função lhes oferecerá. Ser *coach* de alguém é um compromisso que exige efetivo empenho. O ponto central do *coaching* é influenciar a maneira de agir e pensar de um indivíduo – *coachee* –, principalmente na esfera profissional, mas não há como evitar que a construção de uma nova postura influencie sua vida pessoal e, de alguma forma, também suas crenças e seu modo de agir. Estão mais que comprovados os benefícios desse processo para o *coachee* e para seu ambiente profissional e pessoal. Mas não é difícil imaginar a extensão dos prejuízos que uma relação conflituosa entre *coach* e *coachee* pode provocar. É uma tarefa delicada; afinal, é dela que surgirão novos profissionais com perfis para mudança, novos líderes e até mesmo "pessoas novas".

As qualidades de um bom *coach*

Apontamos algumas afirmações que se fazem necessárias a um bom processo de *coaching*. É provável que nem todas se apliquem a você, mas quanto mais você identificar nessas afirmações seu modo de agir, ou seja, quanto mais elas revelarem qualidades da sua personalidade, mais indicado você será para assumir o papel de *coach*.

- Demostro de maneira clara e objetiva meus valores morais e minha competência como líder.
- No ambiente de trabalho, apresento conquistas sólidas ou acima da média.
- Sou capaz de usar uma grande variedade de técnicas para atingir meus objetivos.
- Estabeleço padrões elevados para mim mesmo.
- Continuamente renovo meus conhecimentos em minha área de atuação.
- Sou capaz de ouvir e me comunicar com os outros de maneira eficiente.
- Sou capaz de me colocar no lugar do outro e entender sua visão.

- Gosto de ajudar os outros.
- Tenho sensibilidade para perceber as necessidades dos outros.
- Costumo fazer julgamentos corretos.

O que considerar ao escolher um *coach*?

Em um mundo como o nosso, em que qualquer assunto pode ser encontrado na internet, por que alguém precisaria se incomodar em procurar um *coaching* para guiá-lo no desenvolvimento de sua carreira? A resposta é simples: porque um *coach* é algo físico e oferece o que nenhum computador ou livro é capaz: um relacionamento real, olhos nos olhos, e o sincero interesse pelo crescimento do outro.

A mais importante lição que pode ser estabelecida entre o *coach* e seu *coachee* é aquela que começa com um sentimento de empatia, uma relação de boa vontade e confiança mútuas. Isso é muito importante no processo de *coaching*, em que as conversas e os compromissos firmados, muitas vezes, obrigarão a mobilização de quebra de barreiras.

Essa relação especial pode gerar conselhos e ajuda real quando o *coachee* se sentir perdido ou confuso. Dela também podem surgir palavras de encorajamento, algo necessário, quando alguém está desencorajado e desmotivado, para dar os passos necessários a uma mudança na vida e na carreira.

O *coachee* é quem decide

Em um processo de *coaching*, quem tem o privilégio de escolher a composição da dupla é o *coachee*. Seja de forma individual na busca de um profissional no mercado, seja quando o processo é iniciado em um escritório e os responsáveis pelo RH ou sócios apresentam os possíveis *coaches*, são os *coachees* que têm a palavra final. Da mesma maneira, quando não há a mediação formal, cabe ao futuro *coachee* procurar alguém que faça ou não parte do seu ambiente de trabalho para orientá-lo em seu desenvolvimento.

Seguem algumas recomendações de grande utilidade em ambos os casos:

- Deixe de lado a esperteza. Não caia na tentação de escolher um *coach* em um escritório com o objetivo de alavancar sua carreira. Pelo código de ética do processo de *coaching*, o *coach* nunca recomendará seu *coachee* para uma promoção, por exemplo. E se houver uma avaliação, o *coach* não poderá falar nada em favor do seu *coachee*.
- Se a empatia não surgir no primeiro encontro, isso não quer dizer que ela não surgirá; portanto, isso não deve ser motivo de preocupação. O processo de *coaching* é dinâmico e transformador, as relações tendem a se equilibrar.
- Se o *coach* escolhido for alguém que pertence à sociedade do escritório, é importante que conheça com profundidade a cultura do ambiente e seja capaz de transmiti-la.
- Entre todos os *coaches* disponíveis, se houver mais de um, o *coachee* deve ser encorajado a escolher alguém que ele admire profissionalmente e em quem confie a ponto de sentir-se à vontade para tratar de assuntos confidenciais.
- Caso tenha qualquer tipo de envolvimento além da esfera profissional ou suspeite de que tal envolvimento possa existir, evite escolhê-lo/a como *coach*.
- É relevante saber se o candidato a *coach* já participou de um processo de *coaching* ou tem experiência suficiente para fazê-lo, seja na condição de *coach*, seja na de *coachee*. Em geral, quem já passou por essa experiência tem boa *performance* como *coach*.

Estou preparado para ser um *coachee?*

Todos nós, advogados, precisamos estar preparados para um mercado em constante transformação. Por isso quase ninguém negará a importância do processo de *coaching*. Para que tenha sucesso, *coach* e *coachee* têm de se engajar com sinceridade e disciplina nesse relacionamento. Assim, aceitar participar ou escolher um programa de *coaching* apenas porque está na moda ou porque o escritório o propõe não trará qualquer resultado positivo para o *coachee.*

Quanto ao *coachee*, ele deve ter ou desenvolver aptidões para o sucesso do *coaching*. Por esse motivo, relacionamos questões que o *coachee* deve colocar para si mesmo e responder com sinceridade. Essa reflexão poderá indicar se está pronto para o processo de *coaching*:

- Eu, de fato, acredito que o processo de *coaching* trará alguma mudança para meu crescimento pessoal e profissional.
- Está claro para mim que, nessa relação, devo me portar de maneira ativa, trocando experiências e não apenas sendo um aluno.
- Eu acredito honestamente que posso melhorar minha postura e atitudes.
- Posso e quero dedicar mais tempo para manter um relacionamento de *coaching.*
- Tenho, de fato, tempo disponível para o *coaching.*
- Estou com a mente aberta em relação a mim e ao meu *coach.*
- Seria capaz de conversar honestamente com meu *coach.*
- Meu interesse em me empenhar pelo meu próprio crescimento e amadurecimento é sincero.
- Seria capaz de manter o compromisso e o entusiasmo pela prática ao longo de um ano.

Essas são apenas algumas de muitas outras que poderíamos destacar, mas respondendo de forma positiva a essas principais, já seria um passo valioso para enfrentar um processo de *coaching*.

O processo de *coaching* como mudança de vida

Existem vários ramos de *coaching*, porém o mais utilizado é para mudança de vida ou comportamental. Fica evidente que o processo de *coaching* comportamental aplicado na área Jurídica é o mais significativo para um advogado, porque na relação com os dias atuais o advogado precisa ter uma visão maior do ambiente que o cerca, é necessário que atue sobre diferentes pontos das ciências sociais, ampliando seu conhecimento em administração, economia, recursos humanos, gestão e outros. No entanto, como todo processo de mudança envolve a quebra de paradigmas, um processo de *coaching* não é diferente.

O *coaching* como mudança de vida passa a ser muito significativo quando se colocam objetivos para a carreira de advogado, podendo ser útil e compensador para formar novas lideranças e a construção de carreiras mais promissoras.

O processo causa dúvida em muitas pessoas, que geralmente perguntam: "O advogado pode realmente mudar seu pensamento e seu comportamento?". A resposta é: sim, com certeza. Se não mudassem, não seriam capazes de produzir tantas teses junto aos tribunais.

Nas grandes bancas jurídicas, assim como nas grandes corporações, até mesmo uma pequena mudança nas atitudes pode provocar impactos além do esperado. E, nesse sentido, é buscando uma visão mais organizacional da carreira do advogado que o desenvolvimento do *coach* jurídico nasce, para tentar mudar o comportamento do advogado amarrado em velhas premissas e para dar sustentação ao jovem advogado que precisa planejar sua carreira.

Etapas do processo de *coaching*

As etapas do processo para o desenvolvimento do *coaching* para advogados partem dos princípios básicos do *coaching* para mudança de vida (ou comportamental), no qual cada advogado que assume o papel de *coach* se compromete a implementá-lo positivamente sempre tendo como foco o desenvolvimento profissional e pessoal do cliente.

1. Envolva os *coachees* no projeto de *coaching* a ser desenvolvido – Não podemos esperar que os advogados mudem de comportamento se não tiverem claro o entendimento sobre seu projeto e suas metas bem definidas. É necessário deixar bem claro todo o projeto.

2. Envolva os *coachees* na determinação do seu *coach* – Os *coaches* precisam ter claro quem é seu *coach*, conhecer seu perfil, assimilar que ele é seu mentor. Quando os *coachees* juntamente ao *coach* acordam antecipadamente os objetivos a serem alcançados, a viabilidade de sucesso do projeto é maior.

3. Garantia de *feedback* – Garantir aos *coachees feedback* é essencial para o desenvolvimento do programa em andamento, pois somente com um bom retorno é que eles saberão se os passos para alcançar o comportamento desejado estão surtindo efeito.

4. Comportamentos essenciais a serem modificados – É necessário entrar em acordo sobre o comportamento-chave a ser trabalhado. Selecione no máximo duas áreas de mudanças essenciais, sendo uma profissional e uma comportamental, para que se dê maior atenção; isso garante um trabalho mais focado sem se perder em vários comportamentos não menos importantes, mas que possam vir a ser trabalhados junto ao essencial calmamente.

5. Estimule os *coachees* a se manifestarem positivamente – O advogado sob análise deve sempre ser orientado a pensar e falar de forma positiva, sendo, assim, encorajado. Mesmo se cometeram erros no passado, o mais correto é identificá-los para que sejam trabalhados de forma positiva junto ao *coach*.

6. Reveja o que já foi aprendido com outros advogados e os ajude a aplicar no projeto de ação de cada novo *coaching* – O *coachee* deve sempre, em cada novo processo, conversar com seu *coach* sobre outros projetos de sucesso já realizados, é uma forma de interagir e mostrar que mudanças acontecem, compartilhar ideias e sugestões. Também escutar, pois as mudanças a serem atingidas precisam partir deles e não do *coach*. E agir como facilitador, não como juiz.

7. Rever resultados – Se o processo estiver sendo levado a sério pelo *coachee*, as melhorias serão visíveis, nesse sentido, os resultados alcançados podem ser revistos ao longo do processo. Evidentemente, para cada processo o tempo de duração é diferente, é necessário para um bom desenvolvimento do trabalho que seja feito em um período entre 12 e 18 meses.

8. Finalize o processo de *coaching* quando os objetivos traçados forem alcançados – O objetivo do processo de *coaching* não é criar uma dependência entre o *coach* e o *coachee,* e sim ensiná-lo, motivá-lo, dando outra visão de como atingir seus objetivos profissionais e pessoais; assim, quando os objetivos foram atingidos, finaliza-se a relação profissional entre ambos.

É difícil fazer um bom processo de *coaching*, talvez o maior desafio seja engajar o advogado no diálogo objetivo, no qual assuma que necessita de uma mudança de comportamento, seja ele profissional ou pessoal. O *coach* tem que trabalhar com o advogado (*coachee*) e tentar descobrir qual o melhor caminho a seguir para cada caso, sem que as frustações que possam ocorrer durante o processo façam com que o *coachee* desista no meio do caminho. Consequências terríveis podem resultar se o *coach* tomar a decisão errada. Em contrapartida, ao identificar o caminho correto, a recompensa no final do processo será visível junto à satisfação do cliente.

O diálogo é a base de tudo em um processo de *coaching*. No primeiro contato entre o *coach* e o *coachee* é necessário que se crie uma empatia mútua, sendo esta vital para o avanço dos diálogos no decorrer do processo. O advogado deve se sentir confiante de que não está ali perdendo tempo. Há necessidade do *coach* ouvir e dar um *feedback* honesto, isso é essencial na manutenção do diálogo com base nas reais necessidades e não em suposição ou opiniões sem fundamentos.

Coach e advogados precisam traçar pontos comuns de como separar fatores temporários e ocasionais dos que sejam essenciais do processo. Direcionar de forma estratégica o diálogo no *coaching* baseia-se claramente nas indagações a serem feitas de forma coerente e concisa. Os questionamentos podem ser feitos para trazer assuntos obscuros ou para ajudar o advogado a reconsiderar uma posição da ação proposta. As atitudes ou opiniões do advogado podem ser reforçadas ou desafiadas para que se sinta motivado a alcançar o plano de meta.

O ponto final de uma entrevista de *coaching* envolve o planejamento do advogado para experimentar um novo comportamento. Porém, qualquer atividade de *coaching* só pode ser notada quando um novo comportamento é colocado em prática na vida real.

Um bom *coaching* não precisa necessariamente ser um especialista em uma área específica do Direito ou que tenha um cargo de nível elevado em uma grande banca ou qualquer outra corporação na área Jurídica. É preciso ter uma compreensão sólida do negócio, ter capacidade interpessoal e ser apto a criar *network*, com conhecimento do mundo jurídico, ser um bom ouvinte, com capacidade para formular perguntas coerentes e encorajadoras, visionário, analítico, para chegar a conclusões inteligentes.

No processo de *coaching*, é essencial que o advogado e o *coach* considerem questões assim: Como os assuntos confidenciais devem ser tratados? Qual o objetivo maior a ser atingido? Qual o papel do advogado no processo de mudança? Quais tópicos estão fora do processo de *coaching*? O *coach* deve ser corajoso para incentivar o advogado a ir em frente, geralmente porque esse enfrenta tabus que muitas vezes são ignorados.

O *coaching* na prática

As recentes mudanças no sistema do judiciário, com a chegada do processo eletrônico, trouxeram vários problemas para a advocacia tradicional. Eles vão desde o pouco conhecimento da área de Informática até a dificuldade de deixar o velho uso do papel para trás. Conceitos verdadeiramente inovadores podem soar de forma exagerada e poucos advogados querem assumir o risco de parecerem tolos ao propor uma inovação. Até mesmo discussões informais podem conter caráter político que, ao serem abordadas, mesmo em caráter experimental, podem estabelecer uma posição da qual seja difícil sair. Os advogados precisam de uma espécie de laboratório experimental e seguro que lhes dê apoio para que suas ideias sejam testadas e o *coaching* proporciona essa possibilidade.

O processo de *coaching* apresenta aos advogados uma oportunidade de se unirem num diálogo reflexivo para o desenvolvimento. Na ausência de um *coach*, a chance de este diálogo se perder é muito grande. Na falta de um interlocutor, não existe a prévia avaliação, não há formação de atitude e, assim, uma importante parte do pensamento jurídico deixa de existir. O *coaching* jurídico abrange todas as formas de aprendizagem jurídica e organizacional. O *coaching* fornece uma plataforma prática direcionada ao desenvolvimento da prática jurídica, estratégica e organizacional para a carreira do advogado.

Cada advogado é diferente, cada um tem sua definição de onde quer chegar na carreira e o sucesso a ser atingido. Independentemente do modo como essas dimensões são articuladas para cada advogado, ou equipe de advogados, os *coaches* são encarregados de encontrar um meio facilitador para o desenvolvimento do processo, para que ele seja gradativo.

Ao se empenharem no sucesso do seu *coachee*, devem achar meios de fazer o processo evoluir, igualmente, respeitando os valores éticos da profissão e as opiniões de cada um. Para ter qualidade no resultado final, o *coach* precisa ver além do nível das informações superficiais no qual a grande maioria se assemelha, e descobrir as verdadeiras informações em jogo. Nesse aspecto, à medida que a Justiça evolui e continuamente se transforma, emergem novos valores destinados a mudar o pensamento do advogado para que ele não se perca ao longo do tempo.

A maioria dos operadores do Direito reconhece que, para permanecer saudável, um advogado deve considerar essas mudanças no ambiente jurídico de forma positiva. Com certeza, um advogado moderno ampliará ativamente sua rede social, seja por meio da troca de informações com outros colegas, por meio da tecnologia, de consultorias ou de outros. Contudo, para muitos, causa estranheza o fato de o advogado buscar ajuda externa para essas funções para que possa se manter no mercado de trabalho.

Uma definição jurídica tradicional pode levar muitos a acreditar que ele pode permanecer autossuficiente para sempre.

Diante disso, a necessidade da ajuda de um *coach* pode parecer uma contradição. Contudo, nos dias atuais a interação com vários ambientes se faz necessária na área Jurídica, é como uma redescoberta da atividade, necessária para reduzir os erros e o risco de uma carreira frustrada.

O processo de *coaching* passa a ser uma oportunidade para a formação de novas lideranças na advocacia. É a necessidade de estar em contato com a realidade além do limite do formalismo jurídico.

Assim, um advogado que considere o *coaching* apenas mais um serviço prestado jamais alcançará scu objetivo de se tornar um líder. As organizações modernas necessitam de pessoas que evoluam, pois os líderes de hoje não procuram se isolar, pelo contrário, estão focados nas novas tendências, em dividir e somar conhecimentos. Assim, o *coaching* é essencial para desenvolver esse trabalho em virtude das redes modernas e interfuncionais que cercam os novos caminhos da advocacia.

Por mais plana que seja a carreira de um advogado nesse novo desenho que a Justiça vem tomando, sempre haverá necessidade da interação com outros profissionais das mais diversas áreas, tendo como base o diálogo, inclinado a respeitar a posição do outro.

O *coaching* é visto como um estilo eficaz de se trabalhar com a indefinida e instável carreira do advogado visando a ações e benefícios a médio e longo prazos.

Além da motivação, o futuro *coach* também deve verificar se possui as habilidades práticas necessárias para a função. De modo geral, o *coach* deve dispor de habilidades que o ajudem a:

- Contextualizar a demanda do *coachee*.
- Criar uma relação de aconselhamento positivo.
- Ajudar o *coachee* a identificar os desafios, as oportunidades, os medos e os paralisadores do seu processo de crescimento.

- Conduzir o *coachee* no processo de solução desses desafios.
- Dividir com o *coachee* histórias de sucesso e erros.
- Admitir suas limitações para atender a um problema do *coachee*.
- Indicar, quando for o caso, outros profissionais que possam auxiliar o *coachee*.
- Solicitar *feedback* sobre o processo de *coaching*.
- Preparar-se seriamente para cada encontro.

Capítulo 2

Coaching como liderança para advogados

O *coaching* para advogados requer habilidades que vão além do questionamento e voltam-se para a liderança. Em situações pontuais do dia a dia do advogado, desenvolver a liderança é de suma importância para a assistência aos clientes, no desempenho e identificação das melhores soluções para demandas, no aprimoramento das soluções para advocacia consultiva e outras.

Neste capítulo, abordaremos como a liderança fornece a estrutura necessária para guiar os *coaches* no trabalho com seus clientes (*coachees*). Apresentaremos um guia para o *coaching* de advogados, seguido por exemplos de perguntas que podem ajudar o *coaching* para advogados durante o processo de formação visando à melhoria do desempenho da carreira do advogado.

O desenvolvimento da liderança

O desenvolvimento da liderança dá aos *coachees* a orientação que eles necessitam para trabalhar melhor com seus clientes externos. Ao desenvolver a liderança junto aos *coachees*, o *coach* deve ajustar a cada um o melhor estilo de liderança na junção entre capacidade e disposição para a execução de suas tarefas no processo de *coaching*. A liderança é mais que um comportamento, são atitudes de direção e apoio que proporcionam a um líder a capacidade de gerir equipes, tomar atitudes positivas e decisões pautadas em resultados.

Para ser eficaz, o *coach* deve adaptar a cada *coachee* o modo e os níveis de liderança a serem desenvolvidos em cada tarefa, no plano de ação. O *coaching* para advogados é uma maneira de inserir a aplicação dos conceitos de liderança na advocacia.

Liderança por meio de perguntas

O *coach* de advogados pode conduzir o *coachee* por meio de perguntas, desse modo, pode identificar as causas das deficiências do advogado em se tornar um líder. As perguntas foram desenvolvidas com base no comportamento da prática da advocacia e do comportamento pessoal do advogado.

As perguntas são formuladas de forma direta e objetiva, servem para concretizar o diálogo no processo de *coaching*. É necessário frisar que se inicie a discussão com uma pergunta aberta para que o *coachee* não fique constrangido e na defensiva.

Separamos as perguntas em dois grupos: as direcionadas a advogados de bancas e que compõem cargos jurídicos em médias e grandes instituições (Grupo 1) e aquelas para advogados que atuam individualmente (Grupo 2).

Perguntas (Grupo 1)

Informação
As metas de desenvolvimento do escritório ou empresa são transmitidas para os associados e/ou funcionários?
Os associados e/ou funcionários compreendem suas tarefas com facilidade e suas prioridades na execução? Como, por exemplo, fazer um prazo fatal ou não.

Há disponibilidade de recursos facilitadores do trabalho para orientar associados e/ou funcionários?

Os associados e/ou funcionários recebem *feedback* específico do seu desempenho?

O sistema de avaliação de desempenho auxilia o supervisor jurídico na distribuição das atividades quanto aos resultados esperados?

Recursos

Do que os associados e/ou funcionários precisam para aumentar seu desempenho?

Os associados e/ou funcionários dispõem de material e equipamentos apropriados para realizar suas tarefas?

Os procedimentos como distribuição de prazos são definidos a fim de melhorar o desempenho dos associados e/ou funcionários?

As condições são propícias ao desenvolvimento de um trabalho com nível de excelência, como segurança, organização e outros?

Recompensas

Como os associados e/ou funcionários são recompensados por atingirem as metas?

Os incentivos financeiros são suficientes para estimular um bom desenvolvimento?

Os incentivos não financeiros são suficientes para estimular um bom desenvolvimento?

Há práticas para mensurar resultados, como relatórios sobre o desempenho individual dos associados e/ou funcionários?

Há oportunidades para desenvolvimento de carreira?

Motivação

Há incentivos motivacionais ou programas de motivação para os associados e/ou funcionários?

Os programas de motivação estão alinhados com o perfil do ambiente de trabalho?

Os associados e/ou funcionários sempre estão dispostos a executar as tarefas com excelência?

Os associados e/ou funcionários são recrutados e selecionados de acordo com o perfil da vaga?

Os associados e/ou funcionários se sentem confortáveis com o ambiente de trabalho?

Há consequências negativas para aqueles que apresentam mau desempenho?

Os associados e/ou funcionários têm ânimo necessário para executarem suas tarefas?

Os associados e/ou funcionários têm capacidade para aprender novas funções e serem bem-sucedidos em novas tarefas?

Os associados e/ou funcionários estão isentos de situações emocionais capazes de prejudicar seus desempenhos?

Competência

Como os associados e/ou funcionários aprendem suas funções para que sejam bem desenvolvidas?

Os associados e/ou funcionários têm qualificação necessária para serem bem-sucedidos?

Os associados e/ou funcionários possuem programas de treinamento e desenvolvimento baseados na meritocracia?

Os associados e/ou funcionários compreendem seus papéis no ambiente de trabalho para que não afetem o desempenho do escritório e/ou organização?

Perguntas (Grupo 2)

Quais as metas que o escritório quer atingir a pequeno, médio e longo prazos?

Qual a necessidade de crescimento do escritório?

De quanto recurso financeiro dispõe para investimento em *marketing*? E sua real necessidade?

De quanto recurso financeiro dispõe para investir em máquinas e equipamentos?

Sente-se confortável com sua posição atual?

O número de demandas satisfaz suas necessidades como profissional?
Investe em programas de treinamento e desenvolvimento de carreira?
Julga o ambiente físico em que trabalha como satisfatório e confortável?
Consegue trabalhar os prazos com antecedência ou somente no limite?
Mensura os resultados das demandas com planilhas ou outros métodos?
Desenvolve outras atividades junto à advocacia?
Está satisfeito com o retorno financeiro?
Prioriza mais a vida profissional ou a vida pessoal?
Está disponível para desenvolver outras atividades ou ramos do Direito?
Seleciona suas demandas de acordo com o valor ou com sua área de interesse?

Essas são apenas algumas das enormes possibilidades de perguntas que podem surgir durante o processo de *coaching*, cada uma tem como função levar à identificação de situações para que o *coach* verifique as lacunas que barram o crescimento individual ou o desenvolvimento de uma liderança jurídica.

Guia do *coaching* para advogados

O *Guia do coaching para advogados* é mais um recurso de fácil desenvolvimento para ser usado na entrevista, nos diálogos realizados, nos aconselhamentos e em situações de *coaching*. Dividimos o guia em duas partes: a primeira focada na avaliação do *coachee* e a segunda no estilo de liderança adequado para o desenvolvimento de novas lideranças na advocacia.

A primeira parte foi elaborada para preparar, delimitar a comunicação e diagnosticar o nível de motivação e objetivos do *coachee* a atingir as tarefas necessárias para se desenvolver profissionalmente.

Nível 1 – Preparação

Nesse nível existe um baixo grau de relacionamento e conhecimento do *coach* com o *coachee* (advogado), assim, é preciso que o *coach* já tenha em mente uma direção a ser seguida, transmitindo apoio e confiança. Faz-se necessário que o *coach,* nesse primeiro nível:

- Pesquise sobre o *coachee* (advogado), o local de trabalho, se faz parte de um escritório ou atua individualmente.
- Faça uma ata desde o primeiro contato.
- Estabeleça os objetivos para a sessão, desenvolvendo uma estratégia que melhor se enquadre naquele perfil.

No começo da sessão, o *coach,* já tendo as informações do nível 1, parte para o nível 2, aumentando o apoio para construir um relacionamento profissional, sempre tendo a comunicação como foco. Nesse nível, o *coach* tem como meta avaliar o advogado por meio de perguntas abertas.

Nível 2 – Avaliação

Ao começar o nível 2, o *coach* centra a discussão em perguntas diretas visando ao aprofundamento dos problemas do *coachee* (advogado), já buscando um alto grau de relacionamento. Inicia-se nessa fase o desenvolvimento de tarefas, visto que nessa etapa ele ainda é baixo. Para cada tarefa aplicada, o *coach* tem como função identificar as lacunas deixadas e suas causas, avaliando a capacidade e a disposição do advogado para lidar com as metas e os desempenhos a serem desenvolvidos.

- Construa uma linha de relacionamento profissional, com autoridade e confiança.
- Inicie a sessão com perguntas abertas.
- Identifique os pontos de menor desempenho do *coachee* (advogado).

Depois de identificados os pontos de menor potencial, o *coach* inicia o nível 3, que passa a ter alto grau de relacionamento e tarefas.

Deve definir para o *coachee* seu nível de desempenho e selecionar o estilo de trabalho para cada situação a ser trabalhada.

Nível 3 – Diagnóstico

Como já existe um alto grau de relacionamento entre *coach* e *coachee* (advogado), nesse nível o *coach* inicia as intervenções e aprofunda o desenvolvimento do advogado.

- Foque em uma comunicação aberta.
- Defina lacunas a serem preenchidas e suas causas.
- Avalie a prontidão e selecione o melhor método a ser desenvolvido nas tarefas a serem aplicadas.

Definido o método a ser trabalhado, sendo por meio de cursos de aperfeiçoamento, maior número de sessões, desenvolvimento de carreira com consultoria e outros, o importante é dar um *feedback* a cada sessão ao *coachee* e fazer com que a relação de confiança e segurança só evolua.

Nas primeiras sessões, o *coach* tem que ser capaz de identificar o estilo de cada *coachee* para diagnosticar seu problema, prescrever e desenvolver o método a ser aplicado.

Podemos identificar basicamente quatro estilos de pessoas que buscam no *coaching* a melhora do seu desempenho pessoal e profissional.

Estilo 1	Capaz e confiante – somente quer acrescentar um *plus* à sua carreira.
Estilo 2	Capaz, mas não confiante – busca no *coaching* maior grau de confiança pessoal.
Estilo 3	Incapaz, mas confiante – tem confiança em si mesmo, porém não tem conhecimentos técnicos.
Estilo 4	Incapaz e não confiante – provavelmente o que demanda maior esforço por parte do *coach*, pois além de não ter os conhecimentos técnicos, não se sente confiante para atuar na área.

Se o *coachee* estiver no estilo 4, é necessário passar maior grau de confiabilidade, informar todos os passos que serão desenvolvidos, descrever, instruir e direcionar de forma mais complexa, indicando o melhor curso para desenvolver sua carreira profissional, como uma pós-graduação, apresentando cursos alternativos para ganhar confiança, como o teatro amador e a música, para aumentar o relacionamento interpessoal.

No estilo 3, o *coachee* não é capaz, mas tem confiança. É importante discutir maneiras para melhorar seu desempenho profissional. Apresente formas para que interaja com seus pares, por meio de cursos ou reuniões fora do ambiente de trabalho, como um *happy hour*. É preciso persuasão, pois tendem a ser flexíveis a novos modelos de aprendizado, com disposição para aprender.

No estilo 2, o *coachee* é capaz, mas não se sente confiante para desenvolver sua carreira. Acredita que seu trabalho não está apto ou não é bom o suficiente para atender seus clientes.

Nesse caso, estimule, apoie, motive e delegue autoridade, reforçando a capacidade e a autoestima.

Por fim, no estilo 1, o *coachee* busca somente dar um salto quantitativo e qualitativo em sua carreira. Trace planos e metas que vão ao encontro de suas expectativas, buscando atualização e curso de maior complexidade, intercâmbio cultural ou profissional, um MBA voltado para a área de negócios, por exemplo, sempre monitorando o progresso e fazendo com que conclua todas as tarefas definidas no programa.

O guia de *coaching* para advogados é um recurso prático e rápido para iniciar o processo de desenvolvimento situacional do *coachee*. Não há como seguir um modelo padrão, pois cada um terá uma necessidade diferente, com variações de grau de dificuldade e direção.

A fase de avaliação é fundamental para o processo de *coaching*. Nesse aspecto, sempre antes, prepare, avalie e diagnostique antes de intervir para "conquistar o direito" de intervir, pois muitas vezes o *coach* intervém sem dedicar tempo à avaliação do seu *coachee* (advogado).

Lacunas e análise de causas

O sucesso do processo de *coaching* está em fazer as perguntas certas, na ordem certa, para ajudar o *coachee* (advogado) a identificar a situação real de sua carreira e de sua vida profissional, e identificar lacunas específicas a serem trabalhadas.

O processo de *coaching* para advogados é uma forma de aplicar a liderança na qual o *coach* se torna um recurso para que o *coachee* atinja seus objetivos de maneira mais confiável.

O ponto de partida para a assistência está na análise das deficiências do *coachee*, ou seja, nas lacunas deixadas ao longo da carreira, como a falta de atualização profissional, a hora certa de ter uma carreira individual ou uma sociedade, entre outras. Assim, a diferença entre o estágio em que se encontra e o que se deseja atingir é a lacuna de desempenho. O *coach* deve identificar o nível atual do indivíduo ou grupo (estágio atual) e o nível desejável (no qual gostaria de estar).

Outra situação difícil, porém útil, é identificar um objetivo razoável que possa ser realizado em pouco tempo e conduza o *coachee* à situação desejada, o que deve ser feito com parâmetros de qualidade, quantidade, tempo e custo.

Identificada a lacuna de desempenho, o próximo passo é identificar as causas ou barreiras que impedem o desempenho e o desenvolvimento individual ou grupal.

Normalmente, essas lacunas se concentram na distinção entre fatores ambientais e individuais que geram impacto no desempenho. Os fatores do ambiente são o ponto de partida da análise porque geram barreiras e comprometem o desempenho.

Com um ambiente favorável, os *coachees* são mais capazes de atingir o resultado esperado.

No ambiente de trabalho, fatores como informação, recursos e incentivos proporcionam apoio fundamental para um maior rendimento de desempenho. A informação tem que ser ampla, clara, com orientações específicas e necessárias para a realização do trabalho, *feedback* e troca de comunicação. Os recursos derivam de um ambiente com disponibilidade de material adequado para a realização do trabalho, sistemas, ferramentas e tempo adequado para cumprir prazos e metas. Os incentivos dispõem tanto dos financeiros como dos não financeiros para estimular o desempenho individual ou do grupo.

Nas possíveis lacunas está inserido o histórico de cada indivíduo, o que inclui motivação, capacidade, conhecimento e competência. Um ambiente de trabalho deve estar sempre alinhado à motivação, a fim de que o funcionário (advogado) tenha vontade de estar ali para trabalhar e se sobressair. A capacidade está voltada para o aprendizado e fazer o que é importante para ser profissionalmente bem-sucedido. O conhecimento está nas competências para realizar determinado tipo de tarefa ou projeto.

Um modelo de desempenho foi desenvolvido por Thomas Gilbert no livro *Human competence: engineering worthy perfomance*[1], no qual combina os fatores anteriormente descritos e que devem estar alinhados, visto que os ambientes são mais fáceis de sofrer mudanças e causam maior impacto no desempenho das pessoas. Avaliar se o *coachee* tem motivação, capacidade e conhecimento geralmente é mais difícil, porém, na avaliação direta essas características começam a aflorar.

---

1 GILBERT, T. *Human competence: engineering worthy perfomance*. Nova Iorque: McGraw-Hill, 1978.

Capítulo 3

Coaching como consultoria

O *coaching* como opção para mudança de comportamento profissional e de vida advém de: (1) quando uma pessoa define que deseja receber ajuda individual para trabalhar um problema pessoal ou profissional, funcionando como uma terapia ou (2) quando uma empresa/banca solicita que alguém assuma o papel de *coaching* para desenvolver potenciais lideranças ou melhorar o desempenho ou a deficiência de desenvolvimento. Os dois casos podem surgir em ambientes de pequeno a grande porte, porém, para carreira individual só se aplica o exemplo 1.

É evidente que o processo de *coaching* seja geralmente definido como trabalho individual e pessoal. E, no *coaching* para advogado, o *coach* pode ser de fora ou de dentro da própria instituição.

Nesse sentido, o *coaching* para advogados como consultoria depende de: (a) quem solicitou o *coaching* – indivíduo ou grupo –, (b) quem está em processo de *coaching* – o advogado que trabalha de forma individual ou aquele funcionário de banca – e (c) posição que o *coachee* ocupa.

Antes de analisar cada tópico, vamos examinar o processo interpessoal envolvido no que chamamos de *coaching*. Inicialmente, qual a diferença primordial entre doutrinação, treinamento, educação e *coaching*? Todos os processos envolvem um agente da sociedade, ocupação ou organização que tenta mudar o comportamento de uma pessoa-alvo. O que está subentendido no *coaching* que o diferencia dos outros três tipos de interação é:

- Não ter em mente, necessariamente, o resultado predeterminado.
- Não ter poder arbitrário sobre a pessoa-alvo.
- A pessoa-alvo se voluntariar e estar motivada a aprender.

Se é algo imposto, trata-se de doutrinação, não de *coaching*. Só será considerado *coaching* se o *coach* perguntar ao cliente em que áreas deseja melhorar e trabalhar estritamente, com o intuito de ajudá-lo a se ajudar. Em outras palavras, da forma como é usado hoje o termo, *coaching* é um processo intrinsecamente ambíguo em termos de objetivos.

O papel do *coach* é ser objetivo e útil ao cliente direto e estar atento ao impacto das intervenções na sua comunidade e no sistema no qual o cliente se insere.

Os clientes se mostram notoriamente relutantes para revelar o que está incomodando de fato, até que sintam que a intenção do *coaching* é ajudar. Obviamente, o *coaching* pode ser considerado um tipo de intervenção útil para os advogados nessas circunstâncias. Portanto, o *coaching* se trata de um conjunto de comportamentos por parte do *coach* que ajuda o advogado a desenvolver um novo modo de ver, sentir e se comportar em situações problemáticas. Assim, permanece a questão de quando o *coach* deve ser um especialista – que simplesmente mostra ao cliente como agir –, um diagnosticador e prescritor que deduz porque o advogado passou por certo problema e sugere soluções ou um terapeuta que o ajude a obter o entendimento da situação e encontrar uma forma de melhorar o próprio comportamento.

Quem inicia o relacionamento de *coaching*?

Os relacionamentos de *coaching* têm início por inúmeros motivos, mas quem toma a iniciativa? Depende. Às vezes, o *coachee* (advogado) que trabalha de forma particular; outras, os diretores jurídicos quando se trata de empresa jurídica. Esses dois cenários evoluem de formas diferentes.

Iniciativa da empresa jurídica

Umas das principais causas da decisão pelo *coaching* ocorre quando alguém em posição hierárquica mais alta em uma empresa jurídica sugere que o indivíduo de nível mais baixo seja submetido ao *coaching* para superar alguma deficiência que limita a eficácia da pessoa ou seu potencial de carreira. Nesse caso, é comum a solicitação de uma avaliação 360° de desempenho individual. O *coach* externo se torna, então, necessário, a fim de analisar os dados da pessoa avaliada.

Nessa situação, o *coach* funciona como um especialista, diagnosticador e prescritor, porque o resultado comportamental desejado é definido por alguém que não o *coachee*. A escolha básica do advogado (cliente) é se entrará no relacionamento ou não, e se haverá empenho para aprender um novo comportamento e ponto de vista ou não. Se esses dois aspectos se ajustarem aos potenciais de desenvolvimento do próprio cliente (advogado), o resultado será benéfico tanto para a organização quanto para o *coachee*. Contudo, com muita frequência, o aprendizado que se espera do cliente não se ajusta à sua personalidade, portanto, o resultado será o fracasso ou diversas adaptações em curto prazo, sem mudanças consideráveis. Do ponto de vista da consultoria, o cenário é arriscado, porque pode falhar de muitas formas: o chefe pode não entender com precisão a situação inicial e não transmitir claramente a necessidade; ou o consultor não compreender o que realmente se espera, o *coachee* não dispor, não ser capaz de ser treinado ou fazer uma adaptação superficial, sem real mudança.

No entanto, há uma maneira alternativa de o chefe iniciar o processo, com maior probabilidade de sucesso: ele pode resumir ao *coach* o problema, mas sem esperar relatórios e autorizar o *coach* a seguir uma linha terapêutica, se apropriado.

Dessa forma, a empresa jurídica estaria se preparando para o *coaching* atingir um resultado que talvez não fosse o esperado do ponto de vista da empresa, mas que pode ser bom para o desenvolvimento do *coachee*. O *coaching* pode até mesmo fazer o *coachee* reconhecer uma desestabilidade e, subsequentemente, deixar a empresa.

Questões como a apresentada anteriormente interagem com a da natureza do *coaching*: se a empresa deseja ajudar o *coachee* a se desenvolver em um sentindo amplo ou se a intenção é que o indivíduo aprenda um ponto de vista particular ou um conjunto de competências relevantes para a empresa, como aprender a usar um novo sistema de prazos.

Iniciativa do *coachee*

Toda vez que um advogado que trabalha como autônomo ou em uma empresa jurídica procura ajuda externa ou interna, existe potencial para o *coaching*, aconselhamento ou outras terapias individuais. Ajudar o indivíduo se torna primordial. Nessa situação, uma empresa jurídica, exceto quando o advogado é funcionário, não tem absolutamente qualquer participação na determinação do resultado, e as questões podem ter pouco a ver com os problemas da empresa. Esse tipo de *coaching* ou consultoria se confunde com o que qualquer um de nós enfrenta quando nossa ajuda é solicitada, ou seja, devemos dizer a eles o que fazer, devemos traçar o diagnóstico da situação e prescrever a solução ou nos engajar num período de construção de relacionamento a fim de descobrir a melhor forma de ser útil.[1] Essa situação ocorre o tempo todo no ambiente familiar, profissional, entre amigos, pais e filhos, professores e alunos. Portanto, é um processo humano que todos devemos aprender. A capacidade de fazer esse tipo de *coaching* ou consultoria individual deveria ser inerente a qualquer adulto. O princípio básico que governa o processo é estabelecer primeiro um relacionamento pela consulta e, somente quando as necessidades (do advogado) estiverem claras, passamos para o papel de especialista.

Em que papel o advogado está submetido ao *coaching*?

A distinção aqui é se o advogado tem um problema pessoal ou busca ajuda como profissional. Uma questão pessoal poderia ser aprender uma nova competência, adquirir habilidade em tecnologia ou desenvolver uma nova percepção estratégica para seus clientes, a fim de obter melhores resultados. Uma questão organizacional poderia ser aprender a gerenciar melhor seu escritório ou sua equipe para aperfeiçoar o processo estratégico, adquirir uma visão mais voltada para o *marketing* jurídico pelo fato de o futuro do seu negócio depender de melhor divulgação ou aprender o novo sistema orçamentário, fundamental para o futuro da organização.

---

1 SCHEIN, E. H. *Processo de coaching atualizado*: lições para o gerenciamento e consultoria, v. II. Reading (MA): Addison-Wesley Publishing Co, 2007.

Se o advogado estiver em um papel de desenvolvimento individual, as mesmas ideias se aplicam. Primeiro, um relacionamento de colaboração deve ser construído, depois o *coaching* pode prosseguir conforme cada caso específico. Se o advogado estiver em um papel organizacional, a questão é mais complexa porque, neste caso, o cliente também é a organização, não apenas o *coachee*. Como exemplo, supomos que um sócio de uma grande empresa jurídica queira se submeter ao *coaching* para obter melhores resultados com a equipe e estimulá-los a melhorar resultados e ajudá-los a gerenciar os próprios subordinados com mais rigor. Como o *coaching* ou consultor decide se este é um objetivo adequado, já que poderia ferir outros em níveis mais baixos da organização? Como lidar com a situação se sentir que, para a organização, seria uma estratégica errada? Se o *coach* for externo, pode escapar desses conflitos, mas, caso contrário, não terá como desviar deles. São nessas situações que o *coaching* e a consultoria tomam caminhos diferentes. Um *coach* teria de prosseguir com o que o cliente deseja e se tornar um treinador ou doutrinador. Um consultor, mesmo interno, deverá considerar as necessidades do sistema mais amplo do cliente.

Pode-se supor que uma questão semelhante surja com o *coaching* pessoal, se o *coach* discordar dos objetivos de aprendizado do cliente, que podem então ser negociados entre os dois. Contudo, se esses objetivos tiverem sido estabelecidos por terceiros, o *coach* estará vinculado a eles, mesmo se o cliente não estiver. Trata-se, novamente, de cenário de doutrinação ou persuasão coerciva, no qual muitos *coaches* se encontram de fato. Como consultor, pode contestar, mas como *coach*, a organização decide o que é necessário, e o papel do *coach* será ajudar os indivíduos a atingirem seu objetivo.

Qual o objetivo real do *coaching*?

O *coaching* como treinamento abrange ajudar pessoas a aprender um novo sistema de ampliar suas percepções sobre carreira, gestão e estratégia do seu negócio ou empresa jurídica. Certamente, a versão mais familiar é a do *coaching* executivo e esportivo, no qual o *coach* ajuda a pessoa a melhorar sua carreira. Em qualquer processo de *coaching,* a função do *coach* passa por: observação, diagnóstico, *feedback*, demonstração e estabelecimento de rotinas e objetivos escolhidos pelo cliente. Mas o *coach* atua como especialista e treinador, em geral, bastante coercivo no processo. Esse tipo de *coaching* também pode envolver objetivos mais abrangentes, como o *coach* analisar resultados de um processo de avaliação de desempenho de 360° com o cliente específico.

Partindo do princípio de que em qualquer desses objetivos, do desenvolvimento da competência mais concreta ao da mais abstrata reformulação dos modelos mentais básicos, o advogado não terá sucesso sem primeiro estabelecer um relacionamento óbvio. Porém, frequentemente, é negligenciado no *coaching* de competências.

O *coaching* é uma ferramenta importante do ponto de vista pessoal e empresarial. Falamos do *coaching* como colaboração em termos de missão, estratégia e objetivos, mesmo que haja mensuração e processos coercivos no caso de empresas jurídicas para atingir seus objetivos.

Quando se trata de aplicar o *coaching* na área de Recursos e Processos, os *coaches* rapidamente se tornam orientadores e se esquecem de construir os relacionamentos de colaboração. Essa tendência de se tornarem especialistas pode explicar a implementação deficiente de muitos programas. Se os *coachees* não estiverem envolvidos no planejamento do próprio aprendizado e não tiverem estabelecido um relacionamento confortável com o *coach*, não atingirão o nível de aproveitamento esperado. Para evitar isso, os *coaches* também devem se tornar competentes consultores de processo.

Podemos concluir que o *coaching* é um subsistema de consultoria. Para o processo ser bem-sucedido, o *coach* deve ser capaz de, como consultor, criar um relacionamento de colaboração com o *coachee*.

Capítulo 4

O advogado como *coachee*

Ser um advogado-líder é uma questão de relacionamento. Às vezes, o relacionamento é de uma para muitas pessoas; outras, apenas entre duas pessoas. Mas independentemente de ser um relacionamento com apenas uma ou várias pessoas, a liderança é uma relação entre aqueles que aspiram liderar e os que escolhem seguir. O sucesso da liderança na carreira e na vida foi, é e será sempre uma função de quão bem trabalhamos e agimos em conjunto. Os advogados-líderes dependem totalmente da capacidade de construir e manter relacionamentos. O fracasso na carreira de advogados está ligado ao domínio da inteligência emocional. E o essencial para o sucesso da sua carreira atualmente está em desenvolver habilidades no uso da internet e competências sociais, sendo estas as mais importantes, e não a tecnologia.

Duas qualidades importantes para o advogado: "ser capaz de ver uma situação a partir do ponto de vista de outra pessoa" e "ter bom relacionamento com outras pessoas". Nesse sentido, quando o advogado não consegue ter essas qualidades, é o momento de se tornar um *coaching*.

Hoje em dia, constantemente nos é solicitado aprender novas habilidades, aceitar mais riscos, experimentar comportamentos que nos são estranhos e, como todo ser humano, aceitar algumas falhas antes de termos sucesso. Essas situações podem nos causar grande angústia e criar um desconforto extremo. Provavelmente não abraçaremos os desafios, a menos que confiemos na pessoa que nos orienta e aplica o *coaching*. Portanto, apague de sua mente a imagem do *coach* como sujeito duro, sério, que dá sermões, utiliza técnicas radicais e grita palavras de ordem. Talvez seja uma ótima encenação, mas ela definitivamente não produz resultados relevantes. Ao contrário, você terá uma equipe desalentada, com advogados descomprometidos e que preferem desistir a se sobressair.

O sucesso no relacionamento entre o *coach* e o *coachee* depende da capacidade (*coaching*) do líder de construir um relacionamento duradouro, no qual o talento veja-o como exemplo. Em outras palavras, você não pode exigir que os outros deem o melhor de si ou que se aprimorem por conta da posição que você ocupa. Você só pode conseguir crescimento profissional e pessoal se tiver um bom relacionamento e um bom coração. O fato é que os melhores advogados-líderes são atenciosos.

Há três fatores essenciais que contribuem para o estabelecimento e a sustentação de um relacionamento de *coaching* bem-sucedido:

- Definir padrões claros.
- Esperar pelo melhor.
- Estabelecer exemplos.

Defina padrões claros

A liderança exemplar é branda e exigente, atenciosa e consciente. O primeiro pré-requisito para motivar o coração de nossos talentos é estabelecer padrões claros. Por padrões, queremos dizer tanto os objetivos quanto os valores, porque ambos têm a ver com o que esperam de nós. Os valores são os princípios duradouros que nos permitem manter o rumo, em qualquer momento da vida. Os objetivos são ambições de curto prazo que nos fornecem a métrica de avaliação do progresso.

Os seres humanos não adotam de coração algo que não acreditam, principalmente os advogados. Não comprometemos energia e intensidade em algo que não combine com nossa personalidade e profissão.

Os valores fazem a diferença no modo como as pessoas se comportam nos escritórios e como se sentem em relação a si mesmos, aos colegas e líderes. Não obstante, quando analisamos mais profundamente a congruência entre os valores pessoais e profissionais, encontramos algo bastante instigante. É a clareza dos valores pessoais que leva o indivíduo a se comprometer com a organização. Sem dúvida, o compartilhamento de valores faz a diferença, mas é o valor pessoal que determina o ajuste entre o indivíduo e a empresa.

Advogados que são *coaches* exemplares também se asseguram de que o trabalho não se arraste sem objetivo, mas que seja uma ação útil. O estabelecimento de objetivos dá segurança às pessoas e, quer os alcancem ou não, contribui para o que pensam de si mesmas. Assim ressalta o professor Mihaly Csikszentmihalyi:[1]

> São os objetivos que perseguimos que moldam e determinam nossa identidade. Sem um conjunto consistente de objetivos, fica difícil desenvolver uma identidade coerente [...]. Os objetivos que endossamos também definem autoestima.

As pessoas precisam saber se estão progredindo ou marcando passo. Os objetivos ajudam nesse aspecto, mas não

---

1   KOUZES, J. M.; POSNER, B. Z. *O novo desafio da liderança*. Rio de Janeiro: Campus/Elseiver, 2008.

são suficientes. Não basta saber que desejamos atingir o topo. Também precisamos saber se ainda estamos subindo ou caindo. Portanto, os advogados *coaches* fornecem igualmente *feedback* construtivo, recorrente e preciso. O encorajamento é *feedback*; é a informação positiva que nos diz se estamos progredindo, se estamos no caminho certo e atendendo aos padrões.

O mais importante em relação ao estímulo é o fato de ser mais pessoal que outras formas de *feedback*, pois exige que nos aproximemos mais das outras pessoas para mostrarmos que nos preocupamos com elas e que realmente nos interessamos por elas. Quando os advogados fornecem um conjunto claro de padrões e dão *feedback* positivo sobre como atingi--los, encorajam as pessoas a buscar em si uma energia ainda maior para suas realizações.

Espere pelo melhor

Os advogados bem-sucedidos têm altas expectativas, tanto para eles próprios quanto para seu pessoal. A crença de que "sei que consegue" é um poderoso motivador de desempenho. Ela não é, de modo algum, um estímulo tolo que os advogados--líderes fornecem para nos ajudar a manter um ponto de vista positivo sobre a vida. Quando alguém acredita em nós, temos maior probabilidade de acreditar em nós mesmos. Enquanto altas e baixas expectativas influenciam os resultados das outras pessoas, apenas as altas expectativas têm impacto positivo, tanto nas ações quanto nos sentimentos alheios e, mais importante, apenas as altas expectativas podem melhorar o desempenho.

Não é de se admirar, então, que quando as pessoas nos contam sobre líderes que fazem a diferença em sua vida, frequentemente nos falam sobre pessoas que acreditam nelas e as estimularam a ir além de seus autoquestionamentos e compreenderam seus pontos mais fortes. Elas contam sobre líderes que incentivam sua autoconfiança, viabilizando que atinjam mais do que inicialmente acreditavam ser possível.

Nossos pensamentos e ideais são intangíveis, não podem ser mensurados. Mas sendo observáveis ou não, mensuráveis ou não, têm enorme impacto sobre as pessoas à nossa volta. Advogados exemplares compreendem isso e sabem como manter de forma útil altas expectativas em relação a si mesmos e às outras pessoas.

Estabeleça o exemplo

O fator mais associado à eficácia do *coaching* é o investimento no relacionamento. E, de todos os itens usados para avaliar o *coaching*, o que mais se associa ao sucesso é "esta pessoa personifica qualidades de caráter e valores que eu admiro".

As qualidades que os advogados buscam encontrar e admiram nos advogados-líderes são confiança e credibilidade.

Os advogados querem acreditar em seus líderes, em suas palavras, e agem de acordo com o que pregam. A credibilidade na liderança pessoal produz uma diferença enorme no desempenho e comprometimento com as empresas jurídicas. A lealdade, o comprometimento, a energia, a lucratividade e a produtividade, entre outros resultados, estão diretamente associados à credibilidade do líder.

Então, o que significa credibilidade? O que ela representa do ponto de vista comportamental? Como você a reconhece? Quando fazemos essas perguntas a advogados, a resposta mais frequente é "fazer o que se propõe".[2]

Quando se trata de decidir se um advogado-líder tem credibilidade, os advogados primeiro escutam as palavras, depois observam as ações. A seguir, avaliam a congruência. Chega-se

---

2 KOUZES, J.; POSNER, B. *Credibilidade: e o que os líderes devem fazer para conquistá-la e evitar sua perda.* Rio de Janeiro: Campus/Elseiver, 2012.

a um parecer de credibilidade quando os dois são consistentes. Se o advogado não nota consistência, conclui, na melhor das hipóteses, que o advogado-líder não leva as próprias palavras a sério e, na pior delas, que trata-se de um falso líder. Geralmente nos comovemos com os feitos. As ações são a evidência da credibilidade de um advogado-líder. Essa observação leva a uma receita direta para a sustentabilidade da credibilidade ao longo do tempo. Faça o que disser que vai fazer.

Sempre que se encontra uma cultura forte como a da advocacia, construída em torno de valores fortes, seja sobre qualidade superior, atendimento, inovação, clientes, respeito pelos outros ou alegria, você também encontrará exemplos de inúmeros líderes que levam seus valores para a vida pessoal.

Estabelecer o exemplo trata, exatamente, do envolvimento pessoal. Não há necessidade de um plano bem elaborado ou de grandes investimentos para começar a estabelecer exemplos e incitar o coração dos outros. A questão mais crítica é os líderes advogados tomarem a iniciativa. Ser um bom exemplo não é exceção, precisa se tornar prioridade consciente.

Ao longo da jornada para se desenvolver como um líder *coach*, você deverá se confrontar com uma questão fundamental: até que ponto, realmente, você se importa com as pessoas que lidera?

Esperamos que se importe muito. Caso contrário, não estaria lendo este livro. Mas essa pergunta deverá ser feita diariamente, porque, ao se dedicar profundamente, os métodos que descrevemos se apresentarão como genuínas expressões do seu cuidado. Quando se importa pouco, elas serão percebidas como nada além de estratagemas, e você será visto como impostor.

Uma das observações mais antigas sobre o comportamento humano é que tendemos a refletir os que estão ao nosso redor. Se à nossa volta há alguém triste, por exemplo, captamos tristeza. Mesmo se entramos no ambiente cheios de força e vigor, sentimos que nossa energia começa a se esvair quando estamos na presença de emoções negativas. Coloque-se na posição de um *coachee*. Imagine-se passando os dias com um líder deprimido, negativo e pessimista.

No entanto, o que acontece quando você entra em uma sala cheia de pessoas otimistas, colaborativas, agradáveis e entusiasmadas? Você tende a se animar, certo? Preferimos estar juntos de pessoas otimistas, esperançosas. Pessoas otimistas têm melhores resultados na vida e se sentem tanto pessoal quanto profissionalmente mais bem-sucedidas que pessoas negativas.

Como advogado-líder, você define o tom. Quando chegar sua vez de ser um líder *coach*, o talento se desenvolverá somente quando você estabelecer um conjunto claro de padrões altos, demostrar forte crença de que eles poderão ser atingidos e evidenciar, por meio das próprias ações, que você pratica o que prega.

Ao integrar esses fatores essenciais à sua prática diária, comunicará, em alto e bom som, a mensagem "Eu me preocupo com você. Eu me importo com o seu futuro e desenvolvimento. Estou aqui para criar um clima no qual possam prosperar".

Capítulo 5

Coaching de conscientização para advogadas e advogados

Geralmente, os métodos de *coaching* diferem para homens e mulheres, como descreveremos a seguir, mas ambos têm raízes em práticas desenvolvidas por grandes especialistas em *coaching* e que realizaram suas pesquisas em mudanças sociais, demográficas, econômicas e tecnológicas. Por isso, nosso trabalho tanto para a advogada quanto para o advogado é focado na ajuda para se posicionarem e abordar as grandes questões estratégicas que as empresas jurídicas terão de enfrentar no futuro, já que a confluência de mudanças está criando novas condições de mercado para os advogados.

Isso é para ajudar os clientes a desenvolverem suas competências de verem o outro lado da demanda – polo passivo e ativo da ação – e interpretarem o ambiente em transformação com sutileza, habilidade e discernimento.

Coaching para advogadas

Nosso objetivo fundamental ao fazer o *coaching* para a advogada é ajudá-la a se tornar mais influente estrategicamente. Apesar de hoje as mulheres serem maioria nos bancos acadêmicos, elas ainda ocupam poucas posições de destaque no mercado jurídico.

As empresas jurídicas existem para desenvolver e alocar recursos eficientemente, sejam financeiros, naturais ou humanos. Ter influência estratégica significa participar das decisões mais importantes sobre o mercado jurídico de forma mais abrangente. Atualmente, as mulheres participam ativamente da execução, mas têm pouca influência quando se trata de tomar decisões, o que dificulta a capacidade de moldarem o futuro e atribuírem um escopo abrangente a seus talentos mais autênticos.

Qual a origem dessa limitação e como a mulher advogada pode enfrentá-la? Três aspectos são essenciais. Primeiro, elas precisam compreender, avaliar, articular e defender a importância dos seus pontos de vista – o que veem, observam, como fazem associação de ideias. Em segundo lugar, devem habilmente fomentar apoio, a fim de que suas melhores observações sejam ouvidas e consideradas. E, por último, devem desenvolver uma presença de liderança mais poderosa e autêntica.

Questão de ponto de vista

Algumas pesquisas realizadas por órgãos internacionais deixam claro que as mulheres têm limitado impacto em níveis estratégicos porque são consideradas "visionárias", especialmente pelos líderes mais velhos.

A atenção dos homens geralmente se manifesta de forma contrastante à das mulheres, que tendem a observar muitas coisas ao mesmo tempo, captando sinais enquanto fazem ampla varredura do ambiente. Por outro lado, os homens tendem a observar uma coisa de cada vez, concentrando-se profundamente, e filtrando todos os fatores que causam distração.

Em se tratando de um ambiente no qual as empresas jurídicas "precisam ver de outro lado", fica evidente que a capacidade de observação em amplo espectro deve se constituir em um bem. Para atingir esse objetivo, uma observação equilibrada se torna essencial. Todavia, como a observação focada tem sido tradicionalmente privilegiada nas empresas jurídicas, e considerando o comportamento de liderança, as mulheres são, geralmente, desencorajadas a utilizar seu estilo diferenciado de observação.

É frequente em empresas jurídicas que a alta direção não escute as mulheres, somente levando em consideração aquilo que é baseado em dados quantitativos, mesmo que, fazendo isso, deixem de levar muita coisa em consideração.

Ao reconhecerem que observações intuitivas ou empáticas não têm prestígio frequentemente, as mulheres desenvolvem o hábito de suprimir suas ideias – potencialmente úteis –, privando informações importantes, ao mesmo tempo que diminuem sua capacidade de contribuição autêntica.

Três maneiras podem ajudar a advogada a sair dessa situação. Primeiro, ela precisa se submeter ao *coaching* para conhecer, articular e defender o valor do que vê, observa, e como faz a associação de ideias. Isso vai ajudá-la a compreender seus próprios padrões perceptivos. Depois, ela precisa desenvolver um entendimento sobre como o que enxerga está associado à evolução do ambiente no qual sua empresa jurídica opera, isto é, tem de estruturar o que observa no contexto do futuro. E, finalmente, ela precisa calibrar cuidadosamente o modo de compartilhar o que vê para que a liderança sênior possa compreender, já que os padrões de percepção podem ser diferentes. Normalmente, isso requer adaptação dos detalhes – importantes para ela – de uma situação específica, mas que talvez pareçam estranhos aos colegas. Assim, a coleta de dados de apoio poderia ser utilizada antes de apresentar suas ideias e da prévia disponibilização de um dos argumentos corroborativos.

O fomento de apoio

Há quatro tipos de poder nas empresas jurídicas: o inerente à posição, o da autoridade pessoal, o do conhecimento e o das conexões, sendo este último o mais importante. No entanto, as advogadas geralmente se concentram em construir sua competência com base no conteúdo do seu conhecimento, enquanto os homens constroem as conexões necessárias para assegurar o sucesso. Geralmente, a mulher assume uma posição, mantém a cabeça baixa e dedica todos os esforços para dominar os detalhes do trabalho, enquanto o homem ocupa uma posição e imediatamente começa a procurar pessoas à sua volta para ajudá-lo a executar o trabalho.

Ocorre aqui um paradoxo porque as mulheres são frequentemente muito boas em construir relacionamentos. Não obstante, nem sempre são tão boas em tirar proveito de relacionamentos ou fazer uso deles para obter vantagem. Até mesmo advogadas seniores de alto nível se sentem inibidas com a ideia de serem vistas usando as pessoas, extrapolando as fronteiras da amizade para obterem bons resultados. Como resultado, suas redes pessoais permanecem distintas das redes operacionais, e nem uma nem a outra evolui para o tipo de rede estratégica que apoia a influência de alto nível.

O que é necessário para mudar essa situação? Primeiro, as mulheres precisam, geralmente, de ajuda para evitar a armadilha de supervalorizar a competência. Expertise é uma premissa da liderança, mas ser especialista não garante influência. O poder estratégico resulta de aliados que apoiem o que você está tentando alcançar. Frequentemente, as mulheres precisam de ajuda para identificar aliados potenciais e articular pensamentos com o objetivo de desenvolvê-los. Em contrapartida, isso exige que saiba o que demandar dos aliados (troca de favores) e seja explícita no que os aliados podem esperar receber (benefícios). Talvez a advogada precise também de *coaching* para reconhecer como os aliados podem se beneficiar da aliança com ela. Dessa forma, ela supera o temor de se sentir uma aproveitadora.

Presença de liderança

As mulheres sempre perguntam como desenvolver uma presença de liderança mais forte. Devem trabalhar a postura, a voz, o vestuário? O local que uma mulher escolhe para se sentar em uma reunião é significativo? Esses detalhes são importantes, mas a verdadeira presença de liderança é a capacidade de estar totalmente presente. Isso não significa que as perguntas acima não sejam relevantes.

Estar totalmente presente é um desafio para todos que trabalham em um ambiente como o Jurídico, pois é preciso estar 24 horas por dia ligado ao que acontece e ao desejo de ser eficiente que nos leva à tentação de fazer diversas coisas ao mesmo tempo: de reagir em vez de agir intencionalmente ou perder o controle ao correr atrás de mais tarefas. Mas isso pode ser um problema, particularmente para as mulheres, que geralmente se orgulham de sua habilidade de absorver diversas tarefas, cuja observação do estilo pode diminuir a capacidade de se manter com os pés fincados no chão e que, rotineiramente, administram várias responsabilidades no trabalho e em casa.

Qual seria a solução? O que pode beneficiar as advogadas a permanecerem focadas nos objetivos, até mesmo em situações de pressão? Primeiro, o *coaching* as ajudará a identificar e a estabelecer os limites que devem manter a fim de estarem presentes. Isso exige a implantação de políticas e procedimentos relativos às tecnologias que utilizam, quando estarão disponíveis e a forma de resposta. Cada advogada sabe do que precisa para ser mais eficaz. Então, parte de sua função é assegurar as condições que melhor protejam sua capacidade de ser assim. Criar expectativas realistas, estabelecer limites e ser clara sobre suas necessidades. Tudo isso é essencial, assim como desenvolver novas ideias, práticas simples que podem ser incorporadas à rotina diária para conectar uma advogada às bases do seu ser e possibilitar que esteja totalmente presente em determinado momento, em vez de antecipar ou ficar à mercê de algo.

Coaching para homens

Neste tópico, apresentamos alguns recursos disponíveis para ajudar os homens a transitarem em um terreno novo em relação às mulheres. A maioria dos homens enfrenta desafios profissionais com colegas advogadas e gestoras, e, ainda assim, reconhece que a habilidade de trabalhar bem e de forma produtiva com mulheres se tornou um imperativo profissional. Eles desejam fazer um bom trabalho, mas precisam de alguns recursos. Como a maioria das empresas jurídicas se desenvolveu segundo o que se poderia chamar de ótica masculina, pressupõe-se que os valores masculinos sejam a norma. Como resultado, os comportamentos masculinos que causam dificuldades com as mulheres geralmente ocorrem quando o piloto automático está acionado. A partir do momento em que o homem identifica o que está acontecendo, saberá o que fazer.

Como identificar obstáculos?

Qual fator seria inibidor para os advogados desenvolverem um bom trabalho com as advogadas? Ocorrem problemas de atração sexual, medo de rejeição, preocupação de que as advogadas falem sobre eles com outras colegas, a percepção de que as advogadas têm certas vantagens e questões de confiança. Frequentemente, esses problemas estão enraizados em uma cultura machista, a profissão em si, em fortes emoções ou experiências anteriores e representam autênticos obstáculos. Não obstante, raramente são reconhecidos ou debatidos por temor à questão do politicamente incorreto. O *coaching* pode fornecer um refúgio seguro para abordar essas inibições de modo claro e investigativo e para planejar soluções.

Os homens sentem dificuldades em confiar nas mulheres porque atribuem seus próprios valores a elas. Enquanto as mulheres geralmente atribuem elevado valor à honestidade, ao apresentarem seus pontos de vista, pode ser que os homens prezem mais a lealdade.

Um homem pode interpretar uma advertência como divergência de interesses, portanto, não poderá confiar no apoio daquela mulher. Uma alternativa seria o homem concluir que, já que ela está disposta a desafiá-lo por uma banalidade, também poderá fazer o mesmo com clientes importantes e, assim, eles não podem confiar nela. A reação masculina é compreensível, mas mesmo assim demonstra que o homem está cego para o fato de que, sob a perspectiva dela, o que se demostrou foi uma disposição em colocar seus interesses em primeiro lugar.

Erros fundamentais de atribuição levam os homens a confiar em mulheres não confiáveis e a não confiar nas que são. Fazer um roteiro, uma planilha com perguntas específicas que permitam adquirir informações precisas, tornar-se adepto a conversar com pessoas com diferentes valores possibilita desenvolver maior sensibilidade para saber quando confiar nas mulheres e avaliar em quais se pode confiar.

Diferença de ponto de vista

As diferenças entre os padrões de homens e mulheres advogadas, como ressaltado antes, podem dificultar o entendimento e a apreciação, por parte dos homens, do potencial feminino para a contribuição de crescimento profissional no ambiente de trabalho. As mulheres sabem disso e são sensíveis ao fato. Os homens geralmente estão menos aptos a registrar sua ocorrência. Essa dinâmica tem um impacto negativo não somente na capacidade de o homem ganhar confiança de uma mulher, mas também na perda de boas ideias.

O que fazer em uma situação como esta? Três são as abordagens eficazes. A primeira é a de que os homens precisam estar cientes da natureza das diferenças de percepção, para que evitem ser inconscientemente indiferentes a ideias sob uma perspectiva diferente das deles. Facilita se compreenderem por que a informação obtida de métodos não ortodoxos pode ser importante, ainda mais na área Jurídica.

Finalmente, os homens precisam saber quais perguntas fazer, a fim de obter uma opinião melhor sobre o contexto das ideias feministas. A evidência de apoio é, com certeza, necessária para decidir se uma ação deve ser tomada com base na informação, mas uma solicitação prematura interrompe o tipo de discussão necessária para se ter uma visão abrangente do assunto. Ao controlar o desejo de deixar de lado as considerações preliminares e ir direto ao ponto, os homens podem melhorar consideravelmente a capacidade de trabalhar bem e produtivamente com as mulheres e, simultaneamente, aumentar a própria capacidade de enxergar o outro lado.

Capítulo 6

Coaching para empresas jurídicas

Este capítulo tem como contexto o *coaching* voltado para empresas jurídicas e é aplicado para os sócios dessas chamadas "empresas jurídicas", que seriam as grandes bancas e escritórios. Motivado pelo desejo de melhorar o desempenho empresarial, ao mesmo tempo que reconhece o risco do negócio, o *coaching* voltado para empresas jurídicas focaliza em um plano de mudança com base na utilização e impulsionamento dos pontos fortes dos gestores.

A posição desses gestores/sócios de grandes empresas jurídicas é diversa e desafiadora. Eles são pressionados a identificar tendências que possam impactar seus planos estratégicos, incumbidos de adotar uma direção inovadora, responsáveis por instigar novas demandas, liderar, ser acessíveis e gerar resultado.

Os novos modelos de empresas jurídicas têm de alinhar a competência à direção estratégica contínua. Tudo isso deve ser realizado em um ambiente altamente regulado, com definições do que seria comportamento organizacional. Atualmente, os líderes jurídicos têm de demonstrar que as decisões estratégicas equilibram os imperativos comerciais e as responsabilidades jurídicas.

A administração de uma empresa jurídica pode ser uma missão solitária. Cada decisão estratégica tem potencial de provocar impacto significativo em todo o sistema. A responsabilidade coletiva dos demais sócios ou equipes coletivas em algumas decisões não exclui a responsabilidade individual. O papel dos sócios-diretores é claro, juridicamente definido e inclui responsabilidades regulamentares e fiduciárias para conduzir a administração, levando em consideração uma ampla gama de interesses de todos os funcionários e demais membros do quadro societário.

Ao mesmo tempo que um número crescente de gestores/sócios argumenta que seus escritórios têm cultura de aprendizado, grande parte desse aprendizado ocorre em níveis abaixo da diretoria. Ainda é incomum para uma empresa jurídica avaliar rotineiramente os impactos das decisões estratégicas ou refletir sobre o desempenho coletivo e individual. Outro fator de risco é que há pouca estabilidade para gestores de nível intermediário, e o tempo que permanecem no cargo pode ser limitado por fatores internos e externos que fogem do controle da alta direção.

O *coaching* voltado para empresas jurídicas possibilita a administração correta por meio do reconhecimento do ambiente, dos diversos papéis que os indivíduos têm a responsabilidade de equilibrar e da dinâmica pertinente a este nível de empresa. O impacto potencial que as mudanças nas tomadas de decisão e nos comportamentos podem provocar em todos os níveis é significativo.

Em vez de atividade corretiva, o *coaching* voltado para empresas jurídicas se concentra na capacitação dos indivíduos e das diretorias, para que construam um modelo de inteligência situacional, desenvolvendo suas competências para compreenderem a posição da empresa no mercado e das situações que precisam resolver. A astúcia envolve o reconhecimento do contexto no qual o indivíduo e a empresa operam.

Inteligência situacional em um entendimento voltado para o mundo empresarial é o entendimento real de seus pontos fortes e os dos colegas, possibilitando que avaliem como utilizam seus pontos fortes na prática.

A estratégia usada no *coaching* para empresa jurídica é definida como a trajetória de ambição da empresa. A situação compreende a política a ser estabelecida, a fim de executar a estratégia e o percentual de colaboradores motivados que devem ser considerados. Os pontos fortes são os talentos naturais (jovens advogados) que devem ser postos em prática pelo indivíduo. A inteligência situacional cria e desenvolve a sabedoria para intervir da maneira que mais atingirá os objetivos individuais.

A organização jurídica em nível de governança, como pessoa jurídica individual, tem que ser crítica. Os advogados executivos precisam levar em consideração as percepções e expectativas da grande variedade de ter jovens talentos (jovens advogados) ao tomarem decisões estratégicas e implementá-las.

A oferta e a procura, o mundo que cada dia se torna mais competitivo e as complexas cadeias de valores exigem que os advogados-líderes empresariais se engajem em novas fronteiras geográficas. A diversidade está diretamente relacionada ao alto desempenho. Equipes gestoras têm maior probabilidade de reconhecer e compreender as diferentes necessidades de seus clientes e de sua comunidade para o desenvolvimento sustentável. Ao estruturarmos as equipes para que sejam diversificadas, essas terão maiores possibilidades de tomarem melhores decisões estratégicas, que, se bem executadas, têm maior probabilidade de resultar em melhor desempenho e agregarem o valor pelo qual a equipe é responsável.

Equipes diversificadas significam ter que escutar pessoas que não pensam como você, o que pode ser muito interessante, mas também desafiador, e geralmente desconfortável para advogados gestores de formação tradicional. Advogados executivos corajosos estão convidando a nova geração criada na era digital para investigar novas informações e mercados que, compartilhados, agregam valor a todas as partes. As equipes são desafiadas a pensar de diferentes modos, e os talentos naturais (jovens advogados) recebem noções reais sobre a tomada de decisão estratégica e como sua implementação ocorre. Os benefícios são significativos, não importa a denominação que as oportunidades recebam: *trainner*, estágio ou aprendizado pela observação.

O *coaching* voltado para empresas jurídicas é um serviço desafiador, embora de apoio, voltado para advogados empresariais que procuram melhorar a eficácia de sua equipe. O trabalho é discreto e leva em consideração o potencial dano à reputação de advogados por parecerem não saber (ou não terem pensado) em respostas para questões significativas que a equipe enfrenta. O trabalho é flexível e se ajusta à realidade das agendas da maioria dos advogados. A expectativa de que estarão disponíveis em todos os momentos, atentos aos desafios da conectividade global, aumentou o número de opiniões que cada indivíduo tende a filtrar a fim de gerar ideias importantes, necessárias para tomadas de decisões estratégicas.

Ao fornecer tanto atendimento presencial como virtual, o *coach* para empresa jurídica capacita o advogado-líder a filtrar interferências e concentrar-se no desafio específico que deseja abordar, nas questões críticas que demandam resposta e nas etapas estratégicas alternativas disponíveis. O *coach* fornece de forma não diretiva uma estrutura sólida de pensamento. O relacionamento propicia tempo para reflexão e análise de alternativas e evita a adoção de decisões precipitadas.

Com o objetivo de agregar valor tanto aos talentos naturais (jovens advogados) quanto à organização, o trabalho de *coaching* realizado para empresas jurídicas tem o papel de descrever o valor voltado para governança, que frequentemente identifica associações diretas entre as decisões específicas e ações de melhoria nos resultados do negócio.

Identificação da necessidade

As situações que desencadeiam solicitações de *coaching* voltado para empresas jurídicas são associadas às mudanças na hierarquia que incluem alteração na composição da diretoria, transição de indivíduos a novas posições e mudanças na direção estratégica da organização. A maioria das estratégias de crescimento gera essas mudanças por meio de atividades orgânicas ou aquisitivas e também pode provocar a vontade de investir no desenvolvimento de competência estratégica na direção da empresa jurídica.

Realizar análises anuais sobre a situação da empresa promove a solicitação de *coaching* a equipes gestoras completas, equipes específicas ou advogados individuais. Frequentemente, as empresas jurídicas solicitam um serviço que integre um conjunto de sessões de *coaching* por um período, geralmente, com duração entre três e seis meses. Embora aja ocasiões nas quais um relacionamento mais longo seja indispensável e eficaz, a frequência das sessões provavelmente se reduzirá a sessões reflexivas periódicas para análise de desempenho e novas estratégicas.

O *coach* profissional evita a criação de relacionamentos duradouros que causem dependência e assegura que o assunto da transição seja discutido com transparência. Assim como o planejamento de sucessão de diretoria, essa abordagem garante que o cliente receberá o serviço daqueles em melhor condição de fornecer o desafio construtivo e evita o perigo de confronto.

Os planos de desenvolvimento das análises anuais geralmente abrangem estruturas de composição, processos e dinâmicas. Frequentemente, as alterações na estrutura e na composição levam à necessidade de restabelecer o propósito comum por toda a equipe gestora e explorar os papéis e a eficácia de todos os membros. O *coaching* voltado para empresas jurídicas também permite que os advogados-líderes reflitam sobre a eficácia de vários processos da equipe, inclusive a formulação de políticas, tomada de decisão e liderança.

Identificação do profissional de *coaching*

Enquanto outras formas de *coaching* para empresas jurídicas são geralmente obtidas da área de Recursos Humanos, a necessidade e os fornecedores de *coaching* são, frequentemente, identificados pela diretoria, com o apoio do administrativo, que ocupa a única posição capaz de fornecer os objetivos específicos do *coaching* voltado para empresas jurídicas como parte do plano de desenvolvimento. Essa junção permite a escolha do profissional adequado a este serviço especializado.

Para ser bem-sucedido, o *coaching* voltado para empresa jurídica se baseia na criação de relacionamentos com escopo na confiança mútua e no respeito, mas não na dependência. O trabalho não é do tipo negociável por especialista em transações, que buscam vender, nem de modalidade padronizada. Profissionais de processos rígidos sem possibilidade de adaptação devem ser evitados.

Os profissionais eficazes com experiências em questões complexas de negócios e em questões organizacionais e interpessoais combinam competências de *coaching*, facilitação e consultoria. Eles devem se dedicar a um processo que demonstre agregar valor real aos clientes antes da definição da abordagem mais eficaz, assim como para a construção da confiança para o engajamento do *coaching* voltado para empresas jurídicas.

Capítulo 7

Coaching para retenção de talentos

As empresas, de modo geral, estão a cada dia investindo mais em pesquisas para saber como os funcionários se sentem em relação ao trabalho. Você está satisfeito? Seu chefe se comunica com você diariamente? Você apoia a missão e os valores da empresa? Como não são muito comuns nos escritórios de advocacia, essas e outras perguntas são um modo de avaliar o engajamento do funcionário e, frequentemente, um ponto de partida para ajudar a compreender o desafio relacionado ao engajamento e à retenção de colaboradores.

Como já dissemos, essa não é uma prática comum nas empresas jurídicas, infelizmente, elas não obtêm esses dados, não desenvolvem planos de ação, e ficam sem saber o que realmente o advogado ou outro colaborador sente em relação ao trabalho. O engajamento e a retenção de colaboradores precisa ser mais que uma simples contratação, precisa ser um esforço particular à essência do interesse real dos empregados.

As empresas que investem em pesquisas como essas, com os resultados pedem para seus superiores montarem planos de ação que sustentarão uma equipe de profissionais engajada e produtiva. Esses planos geralmente criam novos programas, recursos, mudanças nas políticas e algumas conquistas mensuráveis no curto prazo.

O que vemos atualmente na empresa jurídica é o bloqueio por parte dos líderes com relação aos seus subordinados. Os líderes precisam aprender que todos os melhores planos serão cumpridos se forem apoiados, e que ele tem muito mais influência sobre os engajamentos do que suspeitava sobre a formação do profissional de sua equipe. É em uma situação como essa que o *coaching* para engajamento e retenção pode criar uma diferença sustentável e mensurável.

Trabalhadores não comprometidos custam mais à empresa do que qualquer outro. A tarefa de engajar os funcionários fica a cargo da liderança e da equipe. Embora muitos líderes saibam da importância de obter o comprometimento dos talentos, como fazê-lo é geralmente uma solução de curto prazo para um esforço a longo prazo.

O *coaching* de retenção reduz o risco e confere poderes aos líderes para explorar o esforço espontâneo dos empregados e trazer essa energia para o ambiente de trabalho. Quando o relacionamento de *coaching* é direcionado a essas questões, ajuda os líderes a encontrar maneiras simples, mas significativas, de engajar talentos.

O *coaching* de engajamento se assemelha às outras disciplinas de *coaching*. A diferença está na compreensão dos motivadores, tendência e estratégias para criar uma mudança sustentável na satisfação em relação ao ambiente de trabalho. Os *coaches* voltados para o engajamento são viciados em pessoas e relacionamentos e têm grande compreensão sobre a cultura, as políticas e os procedimentos do escritório. Possuem competências para avaliação e análise, são capazes de entender as minúcias, de desenvolver e fazer perguntas investigativas para entender os desafios do engajamento. Ainda, acima de tudo, sentem muita vontade de desenvolver os novos *coaches*.

Os *coaches* de engajamento e retenção partem dos desafios pertinentes ao engajamento e retenção específicos para cada funcionário, o trabalho é feito, incialmente, por meio do líder, não diretamente com cada colaborador. Pesquisas feitas pelo líder podem identificar aqueles que estão disponíveis, o *coach* poderá trabalhar com o líder para estudar os resultados e identificar questões e oportunidades relevantes. Essas pesquisas são o ponto de partida para análise, pois os líderes podem tomar conhecimento das necessidades de engajamento da equipe. Conversas frequentes com cada pessoa da equipe podem revelar o valor real do *coach* de engajamento.

Muito da rotatividade de advogados em escritórios diz respeito ao relacionamento insatisfatório com a chefia. Fatores como rotatividade, reclamações, qualidade e produtividade baixa são indícios para a entrada de um *coach* para engajamento.

Por quê? Dados de pesquisas revelam que eles querem se relacionar com o líder, pois se sentem respeitados pela empresa quando podem ter conversas abertas, honestas e bilaterais sobre suas ideias, carreiras, motivações e seus desafios. Precisam de líderes que escutem suas perspectivas, ofereçam pontos de vista e propiciem estímulo, orientação e oportunidades.

Apesar de a maioria dos líderes já ter conhecimento da importância de seus papéis, muitos encontram razões pelas quais não funcionam, não querem ou não conseguem tempo para investir em um relacionamento com o empregado. Os *coaches* devem ajudar os líderes a perceber que eles são o empecilho, não a falta de tempo. O engajamento centrado em objetivos, em palavras simples, é a capacidade de ter em mente que cada intenção com o funcionário é uma oportunidade de construir algo de positivo. É a necessidade de se comprometer com as ações certas, que atendem às necessidades de cada um. Isso pode ser feito tratando cada interação como uma oportunidade de construir o relacionamento com aquele empregado. Cada funcionário tem valores, necessidades e motivações diferentes. O único modo de entendê-los é conhecendo cada um individualmente.

Como descobrir as motivações de cada funcionário? A resposta é simples, por meio de diálogos.

O sucesso do diálogo depende da autenticidade do líder. Aqueles descompromissados podem achar difícil focar nas motivações dos empregados e se questionarem, em vez disso: E quanto a mim? De fato, e quanto a mim? Se o engajamento do líder não estiver sob cuidados também, os funcionários podem ser vítimas de um líder insatisfeito e infeliz. Os *coaches* podem conduzir um diálogo de engajamento primeiro com o líder, para delinear o processo e ganhar conhecimento sobre a satisfação atual dos funcionários. Pode ser que o *coach* necessite trabalhar primeiro com o líder para renovar o trabalho e estimular os funcionários a falar sobre o que esperam do chefe.

Após os diálogos, o *coach* voltado para o engajamento pode atuar como fonte geradora de ideias com base no que os líderes estão aprendendo nas conversas e interações com os funcionários.

Um advogado deseja mais oportunidade para aprender e crescer? Considere os seguintes pontos:

- Conduza um diálogo sobre carreira, para aprender mais sobre suas competências, interesses e valores.
- Ofereça sua perspectiva, discuta tendências e opções e criem em conjunto um plano de ação com foco na carreira do funcionário.
- Coloque os colaboradores em contato com pessoas dentro ou fora do escritório que possam ajudá-los a atingir objetivos profissionais.
- Ensine realidades organizacionais e permita que eles também o orientem.
- O funcionário não se sente valorizado por você ou pelo escritório? Construa lealdade:

- Demonstre que reconhece um serviço bem elaborado. Elogie, específica e individualmente, cada funcionário.
- Observe-os. Cumprimente pelo nome.
- Obtenha *feedback* honesto.

Todos os funcionários querem trabalhar em um ambiente de que gostem. Tente implementar alguns dos seguintes itens:

- Ambiente de trabalho divertido.
- Mostre entusiasmo pelo que faz, pois estimulará os outros a fazer o mesmo.
- Valorização define o que consideramos importante. Quanto mais o funcionário valorizar o alinhamento ao trabalho, mais dará sentido, propósito e importância a ele.

Muito sobre o *coaching* de engajamento está relacionado ao bom senso. Infelizmente, o bom senso é raramente posto em prática. A parceria do *coaching* pode fazer mais: fornecer intuição aos líderes, e também pode ser a motivação que os líderes precisam para fazer o que sabem que deve ser feito.

Processo de *coaching* de engajamento

Etapa 1 ▸ Preparação da reunião

- Identifique possíveis problemas ou alertas, faça anotações e, se possível, pergunte ao advogado (gerente, supervisor, líder) o que espera da sessão antes de se reunirem.

Etapa 2 ▸ O primeiro encontro

- Selecione um local tranquilo e de preferência fora do ambiente de trabalho.
- Desligue todos os equipamentos eletrônicos.

- Explique o objetivo geral e o processo de *coaching*.
- Se usar dados, compartilhe com todos os participantes da reunião.
- Faça perguntas para compreender o engajamento de todos.
- Identifique as ferramentas, recursos ou ações que possam ajudar os participantes.
- Esclareça ações, prazos e defina reuniões de acompanhamento.

Etapa 3 ▸ Encontros subsequentes

- Verifique compromissos assumidos pelos participantes na sessão anterior.
- Discuta as lições aprendidas, casos de sucesso, outras oportunidades e os possíveis passos seguintes.
- Se um compromisso não tiver sido cumprido, faça o líder perceber o descumprimento e o estimule a prosseguir.
- Identifique desafios e objetivos adicionais de engajamento.
- Seja claro nas ações e prazos. Estabeleça reuniões complementares, conforme a necessidade.

O trabalho em equipe nem sempre é fácil, é necessário que todos contribuam e que a comunicação seja facilitada. Ninguém tem todas as respostas, e muitas vezes pensar em grupo é melhor que individualmente.

Capítulo 8

Formação de equipes de *coaching*

À medida que os grandes escritórios têm de aprender a lidar com mudanças cada vez mais rápidas, as esquipes estão se tornando mais importantes no ambiente jurídico. À medida que a hierarquia tradicional perde sua importância, um novo foco da liderança de equipes, com novos contextos, emerge. Os líderes estão se vendo como membros de todos os tipos de equipe, inclusive com novas tendências para equipes virtuais e multidisciplinares.

Muitos escritórios encontram-se em um dilema: à medida que a necessidade de construir equipes eficazes aumenta, de modo geral, o tempo disponível para construção diminui. Um desafio comum com o qual os advogados-líderes de hoje se deparam é a necessidade de formar equipes em um ambiente com mudanças rápidas e com recursos limitados. O processo de transformação e racionalização, associado ao aumento na demanda de serviços, levou a uma situação tal que a maioria dos advogados-líderes tem um volume maior de trabalho para executar com um número reduzido de pessoal para ajudá-los.

No processo de *coaching,* o *feedback* pode aumentar a eficácia da liderança. A formação de equipes se torna útil para otimização do trabalho. Embora pareça fácil, não é simples, pois exige que os participantes da equipe tenham coragem de regularmente solicitar a contribuição de outros membros da equipe e aprender com ela.

Para implementar o processo de formação de equipe, o advogado-líder precisará assumir o papel de *coach*. Nesse caso, o advogado-líder, por um momento, terá que esquecer sua posição de chefe. Os resultados mais positivos tendem a ocorrer quando a equipe desenvolve as próprias estratégias para a mudança de comportamento, em vez de apenas executar uma estratégia de mudança imposta pelo advogado-líder.

Etapas do processo

1. Comece pedindo a todos da equipe para registrarem confidencialmente suas respostas individuais para duas perguntas:

   ▸ Em uma escala de 1 a 10, o quanto estamos bem em termos de trabalho conjunto, como equipe?

   ▸ Em uma escala de 1 a 10, o quanto precisamos estar bem em termos de trabalho conjunto, como equipe?

   Antes de começar um processo de construção de equipe, é importante determinar se a equipe sente que a construção é tão importante quanto necessária. Algumas pessoas podem se reportar ao mesmo gerente, mas legitimamente, ter interesse em trabalhar em equipe é importante. Outros grupos podem acreditar que o trabalho em equipe é importante, mas sentirem que a equipe já está funcionando tranquilamente e que uma atividade de construção de equipe seria perda de tempo.

2. Peça a alguém da equipe para calcular o resultado e discuta o resultado com eles. Se todos acreditarem que a diferença entre a eficácia atual e a necessária indica necessidade de construção de equipe, vá para o passo seguinte do processo.

Na maioria dos casos, os membros da equipe acreditam que a melhoria do trabalho em equipe é tão importante quanto necessária.

3. Pergunte à equipe:

> ► Se cada um pudesse mudar dois comportamentos, que nos ajudasse a preencher a lacuna entre onde estamos e onde queremos chegar, que comportamentos deveriam tentar mudar?

Peça a cada pessoa para registrar os comportamentos que selecionou.

4. Em um quadro, ajude a priorizar todos os comportamentos listados, muitos serão repetidos, e, usando o bom senso, determine o mais importante a ser mudado.

5. Peça a cada um para dialogar individualmente com cada membro da equipe. Durante os diálogos, cada membro solicitará que o colega sugira duas áreas para mudança comportamental pessoal (sem ser a já acordada anteriormente) para ajudar o grupo a preencher a lacuna entre onde estamos e onde queremos chegar. Esses diálogos devem ocorrer simultaneamente, com no máximo cinco minutos.

6. Deixe cada membro da equipe analisar sua lista de mudanças comportamentais sugeridas e escolha a que parecer mais importante. Peça a todos para anunciarem seus comportamentos de mudança pessoal.

7. Estimule-os a, mensalmente, pedir aos outros da equipe breves sugestões para o futuro (não devem ultrapassar cinco minutos) com base em três pontos, para ajudá-los a aumentar a eficácia na demonstração do comportamento comum a todos; do pessoal gerado a partir das colaborações da equipe; e do comportamento eficaz sob o ponto de vista geral como membro de uma equipe.

8. Conduza uma pesquisa, um processo de aproximadamente seis meses, para que sirva de base para cada membro da equipe receber *feedback* de colegas sobre a mudança percebida de forma confidencial. Essa pesquisa incluirá o item de comportamento comum, o pessoal e o geral, como membro da equipe. Uma pergunta pode mensurar o nível de acompanhamento, a fim de que possam ver o atrelamento entre seus próprios níveis e o aumento da eficácia.

9. Providencie um *coach* externo ou membro de fora da equipe para calcular os resultados de cada membro e os resultados resumidos para toda equipe. Assim, cada um poderá receber um relatório resumido, confidencial, com base na opinião dos colegas, indicando o grau de melhora dos comportamentos citados.

10. Em uma reunião de equipe, promova uma discussão sobre o que cada um aprendeu de mais importante com os resultados da pesquisa e solicite que cada um faça um breve diálogo e apresente novas sugestões.

11. Analise o resumo dos resultados com a equipe. Sirva de facilitador entre os comportamentos traçados para que a equipe alcance os resultados. Reconheça de forma positiva o aumento da eficácia do trabalho em equipe. Estimule a equipe a se manter focada.

12. Solicite a cada membro da equipe que continue a realizar breves sessões mensais. Refaça a pesquisa após

oito meses do início do processo e, novamente, depois de um ano.

13. Conduza uma sessão após um ano do início do processo. Analise os resultados da pesquisa final e peça à equipe para avaliar a eficácia com relação a onde estamos e onde queremos chegar. Compare o resultado com os de um ano atrás. Reconheça a equipe pelas melhorias alcançadas e peça para cada um reconhecer as melhorias no comportamento de cada colega.

14. Pergunte à equipe se acredita ser necessário trabalho adicional de construção de equipe no ano seguinte.

O processo descrito funciona porque é focado, inclui *feedback*, não perde tempo e leva os participantes a focar no autoaperfeiçoamento.

Como o trabalho em equipe se torna cada vez mais importante, o pouco tempo investido nesse processo poderá produzir grande retorno, que deverá ser ainda maior para a empresa jurídica.

Parte 2

Capítulo 9

Os novos *coaches*

Nós, brasileiros, e, principalmente, advogados, desconhecemos essa ferramenta. E, exatamente agora, colocá-la em prática é mais oportuno do que nunca. Depois de séculos, o Brasil viveu um de seus períodos mais promissores. Mesmo com a crise econômica e política que estamos vivenciando, a distribuição de renda, no que pesem as indefensáveis desigualdades ainda presentes, jamais esteve tão perto daquela de países desenvolvidos, fazendo com que ainda tenhamos parte no cenário mundial.

No entanto, há ainda um longo caminho a percorrer no que se refere ao desenvolvimento de pessoas. Serão necessárias muitas mudanças na base do pensamento, como melhor formação de professores, métodos didáticos e profissionais mais afinados com a necessidade do mercado de trabalho. As conquistas trazidas por essas mudanças podem formar um alicerce poderoso para o progresso social, econômico e contínuo.

Mas não podemos esperar. Pelas características que tem, o processo de *coaching* é capaz de promover um salto de qualidade na área Jurídica e em tantas outras, como já vem acontecendo. Entre suas possibilidades está a de ativar o capital de conhecimento existente, mas pouco usado no mundo jurídico. Isso se torna realidade à medida que se integra ao conhecimento existente, colocando-o a serviço das necessidades e motivações das pessoas e dos escritórios, ou seja, à medida que se adquire e compartilha as experiências individuais para um ganho coletivo. O *coaching* estabelece uma relação igualitária entre o *coach* e o *coachee*, alternando esses papéis. Esse relacionamento democrático e ético é gerado por vínculos de confiança, pela vontade de aprender e pela privacidade.

O processo de *coaching*, definitivamente, aponta para o futuro. Nenhuma outra ferramenta cria um canal mais eficiente que este para a troca de conhecimento. E ninguém pode ignorar o quão importante é, estrategicamente, manter, mesmo que por transmissão oral, um acervo de boas práticas e do seu modo de fazer, a fim de que novos advogados tenham um bom desempenho por esse acervo passado por seus antecessores.

Vindo do lado contrário do caminho, os novos advogados trazem o valioso olhar da Modernidade. Colocam conhecimentos recentes e formas de operar inovadoras, que apenas começam a chegar ao mercado – à disposição daqueles que porventura possam estar imersos e limitados à sua rotina de trabalho. Enfim, trazem novas ideias.

À medida que esse processo consegue envolver de forma positiva os integrantes interessados em transmitir seu legado, independentemente de sua posição social ou hierárquica, ele cria condições para que esta, como um todo, seja capaz de reunir conhecimento suficiente para responder às seguintes questões que desafiam a carreira do advogado.

- Como nos preparamos para crescer em um mundo em que os recursos tendem a diminuir e a cada dia chegam novos advogados no mercado?
- Quais habilidades o advogado deve ter para permitir o crescimento e perpetuar seu legado?

- Onde encontraremos talentos dos quais temos necessidade?
- Sabemos como desenvolver os talentos das pessoas que já pertencem ao nosso escritório?
- Conhecemos as ferramentas disponíveis para desenvolver esses talentos? Estamos dispostos a empregá-los?
- Temos formas competentes de manter o interesse e a motivação individual como advogado?
- Os grandes escritórios estão, hoje, muito mais voltados para as demandas imediatas e sua rápida execução. Sabemos como integrar essas áreas em torno das definições estratégias que garantam o futuro do negócio?
- Conhecemos nossas reais necessidades como advogados e as dos nossos colaboradores?

O *coaching* é um processo de aconselhamento e parceria que, como já vimos, tem como objetivo desenvolver e habilitar o indivíduo à obtenção de um nível superior de resultados e é aplicado quando se está diante de um processo de transição, para que conduzam seu amadurecimento profissional e pessoal.

Ninguém consegue triunfar sozinho, ou seja, sem a ajuda de terceiros. O novo *coach* vai ter que buscar parceiros e relações mais duradoras, seja na vida pessoal seja na profissional. Tudo isso para dizer que em um mundo relacional não é mais possível imaginar viver sem estabelecermos nossa rede de conhecimento e contatos, no momento em que todo mundo se comunica e se interliga pela internet.

Outro desafio para o novo *coach* está totalmente voltado aos relacionamentos interpessoais, à comunicação, ao fato de gostar de pessoas, de saber se relacionar e, por meio desse relacionamento e dessa rede de contato, estabelecer uma ascendência de liderança e senso de equipe.

Formar um novo *coach* não é algo difícil, manter a perseverança e a autodisciplina são pontos que podem atrapalhar na formação. Ou seja, ele vai precisar da mesma forma de ajuda para formar os que querem ser ajudados.

A primeira responsabilidade do novo *coach* está em dizer qual a realidade dos fatos, e a última é sempre agradecer. A confiança, que desde o início apontamos como necessária para a construção de um processo de *coaching* aliado ao conhecimento e ao foco, aumenta sua chance de ser um bom *coach* e servir de exemplo para outras pessoas com que se relaciona.

Nesse item entra a questão da aparência, dos modos de tratamento e, principalmente, a questão de gostar de si próprio, de forma positiva e bem longe de um eventual narcisismo.

Gostar do que faz é outro ponto fundamental para o novo *coach*, pois ele precisa gostar de se relacionar, vai ter que aprender a ouvir e a falar na medida certa. Porque por mais independente que seja essa atividade, você sempre dependerá de terceiros, sejam colaboradores, colegas advogados, e é aqui que as coisas, na maioria das vezes, complicam. Há pessoas que não conseguem se relacionar com outras de forma satisfatória e, por isso, não possuem a habilidade de transformar uma oportunidade em um sucesso.

Coaches são aqueles que exercem influência sobre pessoas ou grupos, que afetam ou são afetadas pelas suas ações. Os *coaches* conseguem se identificar como os responsáveis pelos destinos e resoluções a serem tomados pelos seus *coachees*.

O papel do *coach* é o de ser coordenador das ideias, inspirador e, principalmente, incentivador à criação de soluções viáveis para mudança do projeto de vida ou profissional do *coachee*.

O preparo emocional para ser um *coach*

Quase todos têm o impulso de ajudar seu semelhante. Também é comum, em determinado momento da vida, querermos passar experiências e lições aprendidas. Quem preenche esses dois quesitos já possui as motivações básicas para ser um *coach*. Mas não é o suficiente. O processo de *coaching* costuma exigir flexibilidade e estabilidade emocional diante das demandas, muitas vezes desafiadoras, da carreira de um advogado.

Responder ao questionário a seguir pode dar pistas para os pontos que o *coach* talvez tenha que desenvolver antes de se engajar nesse processo:

- Estou disposto a ouvir as necessidades de outra pessoa?
- Estou disposto a me abrir e a compartilhar minha experiência de vida?
- Sou capaz de ajudar outra pessoa em momentos de crise?
- Sou capaz de compreender o outro sem julgá-lo?
- Sou capaz de guardar segredos?
- Sou capaz de demonstrar real interesse pelo sucesso do outro?
- Penso sobre o futuro com otimismo e compartilho dessa maneira?
- Sou capaz de falar com cuidado sobre aspectos delicados do outro?
- Sei fazer perguntas e aguardar respostas?
- Sou aberto a dar e receber *feedback*?
- Aceito o desconforto do *coachee* com minha abordagem?
- Construo alternativas?
- Tenho clareza a respeito do que quero ganhar no processo de *coaching*?
- Tenho senso de humor?

A resposta a essas questões não garante que uma pessoa esteja apta a ser um *coach*. Esse processo de aprendizado para se tornar *coach* é mais complexo, demanda estudos de técnicas de *coaching*, mas com as respostas a essas perguntas já saberá se tem ou não o perfil para se tornar um *coach*.

Capítulo 10

O *coach* aprende a ouvir e perguntar

Imagine-se indo para uma reunião com um cliente ou com um sócio do escritório que você considera muito importante. Você vai falar com alguém mais velho do que você, com mais experiência profissional. Sua expectativa com o encontro é grande, e seus nervos, como é natural nessa situação, estão altamente alterados.

Vocês se apresentam, falam um pouco de amenidades e começam a conversar sobre o assunto em pauta. Você respira fundo e começa a falar sobre uma questão do trabalho, ou sobre a demanda do cliente.

Seu interlocutor, inesperadamente, interrompe sua fala e diz que não concorda com o que você falou. Você para, com ar de surpresa, mas se recompõe e tenta abordar de outra maneira. De novo, ele o interrompe e questiona: "Será que você não está confundindo as coisas? Você tem mesmo certeza? Eu penso diferente de você" – ele insiste. Você engole seco, pensa em argumentar, mas se sente desanimado; tem a impressão de que a conversa não vai evoluir. Que decepção. Sua vontade, então, é de levantar-se e esquecer que algum dia esteve naquela reunião.

Se você fosse o *coachee* e seu interlocutor o *coach*, o processo de *coaching* já estaria seriamente comprometido em um primeiro encontro, caso aconteça da forma descrita. Não haveria, nessa situação, nenhum encorajamento para que o *coachee* expusesse seus pensamentos; sua natural tensão e desconfiança em falar com alguém com mais experiência se transformariam facilmente em pânico e descrença de que aquela conversa pudesse ter qualquer proveito para seu crescimento profissional.

No entanto, o processo de *coaching* só caminhará se houver uma troca de experiências; portanto, perguntas, respostas, opiniões e reflexões são inevitáveis. Então, como o *coach* deve se posicionar diante do discurso do *coachee*? A resposta é: o *coach* tem que mudar sua postura nesse processo de interlocução. Em vez de colocar-se na postura de interlocutor confrontador, ele deve dirigir-se mentalmente até um ponto neutro, como se pudesse, dali, observar a conversa se desenrolando entre ele mesmo e o *coachee*.

Isso não significa, entretanto, colocar-se de forma distante e defensiva. Ao contrário, o *coach* deve sempre estar presente por inteiro, o que significa comunicar-se o tempo todo com o *coachee*, mesmo que em alguns momentos isso signifique calar-se e escutar. Estar presente por inteiro pressupõe um propósito comum com o outro; afinal, vocês estão ali, naquela sala, porque procuram o mesmo crescimento e querem ampliar suas experiências.

Essa postura não é algo com o que estejamos acostumados. Analisar, classificar e julgar nossos interlocutores a partir de nossos pontos de vista e crenças pessoais é algo que fazemos quase sem perceber. Achamos natural tentar convencer o outro de que nosso ponto de vista é mais importante e bem fundamentado do que o dele, e estamos sempre mais dispostos a falar de nós mesmos do que a ouvir o outro.

Ao nos colocarmos em um ponto neutro durante o processo de comunicação, deixando de lado nossa postura comum, teremos grande chance de ouvir o outro de uma maneira realmente interessada e genuinamente atenta. Com essa neutralidade, entenderemos com mais clareza os pontos que ele levanta e nos sentiremos capazes de contribuir de maneira real para que a comunicação flua da melhor forma possível.

A arte de comunicar

Um dos exercícios de preparação para aqueles que optam por um programa de *coaching* é a intenção de incentivar a reflexão sobre significados pouco percebidos de três aspectos da comunicação: falar, ouvir e perguntar.

A princípio, solicita-se aos que iniciam um programa de *coaching* que expliquem a importância desses três elementos: falar, ouvir e perguntar.

Por que eu falo?

► Para expor pontos de vista, posicionar-me, expressar pensamentos, sentimentos, contar algo, motivar, seduzir, analisar, pedir e outros.

Por que eu ouço?

► Para conhecer, perceber, entender, aceitar, compreender, julgar e ampliar meus conhecimentos.

Por que eu pergunto?

► Para descobrir, aprender, aprofundar, esclarecer, duvidar, confrontar, saber.

As respostas incluem verbos que dão uma dimensão do real impacto que os atos de falar, ouvir e perguntar podem ter na relação entre o *coach* e o *coachee*.

Quando falamos, trazemos nossas experiências passadas, tratamos do que já está instalado em nossa mente. É nessa ocasião que expomos nossos pontos de vista, contamos algo, analisamos ou nos apresentamos – todos os verbos que se referem ao que já foi.

Quando perguntamos, queremos descobrir algo, nos aprofundar em algum tema, visualizar o futuro, investigar alguma situação, obter informações sobre o que quer que seja. Ouvir nos permite conhecer, entender, aceitar e sentir. É esse exercício que constitui o grande trabalho do *coach*. Quando ele escuta o que o *coachee* tem a dizer, ele reafirma que está presente, que o valoriza e o percebe. É essa, afinal, a grande missão do *coach*: ser o facilitador, estar à disposição do *coachee* para auxiliá-lo em suas escolhas e descobertas.

A reflexão sobre esses três elementos da comunicação costuma provocar impacto sobre aqueles que estão se preparando para assumir o papel de *coach*, e também de *coachee*. É o momento de pensar em como cada um está exercendo sua arte de comunicar.

E começa o processo de *coaching*

O primeiro encontro entre o *coach* e o *coachee* é de grande importância. É nele que se acertarão o compromisso, com datas e horários, e, principalmente, será estabelecida a empatia, a confiança mútua – um sentimento imprescindível para que o processo seja produtivo. Caso o *coach* já tenha tido uma boa experiência em outros processos de *coaching*, ele poderá descrever seu próprio roteiro para esse primeiro encontro; caso contrário, poderá acompanhar o roteiro que se segue, elaborado para facilitar o início dessa prática.

Discussão do contrato ▸

O *coach* leva o contrato e discute com o *coachee* questões práticas, como as melhores datas e os locais para os encontros.

Relato da biografia ▸

Coach e *coachee* contam sua biografia um ao outro. Caso já tenham recebido anteriormente, poderão levantar os pontos principais.

Fixação dos objetivos ▸

Ambos devem entrar em acordo quanto a, pelo menos, três objetivos de desenvolvimento profissional e pessoal para o *coachee*.

Compreensão dos objetivos ▸

Ambos devem conversar mais profundamente a respeito desses objetivos, que constituem o plano de desenvolvimento do *coachee*.

Balanço da vida profissional e pessoal do *coach* ▸

O *coachee* apresenta um balanço, mesmo que informal, da sua *performance* e das relações estabelecidas com sua rede profissional e pessoal.

Identificação inicial das dificuldades profissionais e pessoais do *coachee* ▸

Levantam-se as dificuldades que o *coachee* possa estar enfrentando em cada dimensão de sua carreira e também de sua vida pessoal; dificuldades que possam ter interferência no ambiente profissional e vice-versa.

Balanço do encontro ▸

Ao final do encontro, é feito um balanço do que foi discutido.

O processo de *coaching* começa mesmo a partir do segundo encontro, quando se aprofunda a análise da situação atual do *coachee* frente ao seu trabalho e se determina qual será o foco do trabalho de *coaching*. Então, as possibilidades de ação do *coachee* são enumeradas, os recursos que poderão ser empregados para transformá-los em realidade são discutidos e as melhores alternativas são selecionadas, culminando na decisão de alcançá-las.

Os objetivos traçados no primeiro encontro são examinados a fim de que *coach* e *coachee* determinem com maior precisão os impactos que poderão ter e os obstáculos que poderão surgir. Eventualmente, o *coachee* poderá rever e redefinir alguns dos objetivos a seu exclusivo critério; então, o novo objetivo deverá ser rediscutido com o *coach* e firmado um novo compromisso em executá-lo. Esse é um momento importante do *coaching*, pois proporciona a oportunidade para o *coachee* vivenciar a situação de mudar as estratégias para atingir os resultados desejados, um desafio sempre presente no mundo do trabalho.

Sempre que possível, a avaliação dos ganhos que o *coachee* vem adquirindo ao longo do processo deve ser tema de conversa. A percepção do que foi conquistado no trabalho de *coaching* é, necessariamente, discutida pelas partes – *coach* e *coachee* –, mas o *coach* poderá compartilhar as conquistas do seu *coachee* com outros participantes. Esses encontros de *coaches* costumam ser muito proveitosos, justamente porque todos relatam suas experiências, expõem suas dúvidas e ouvem sugestões.

Dez dicas para uma reunião de *coaching* mais eficaz

Há muito mais do que perguntas e respostas no processo de comunicação entre duas pessoas. Linguagem corporal, silêncios, significados, textos subliminares. Tudo isso constitui formas de comunicação, que dito assim, pode parecer teórico demais, mas sua prática é tão verdadeira que todos nós sabemos perfeitamente ler esses sinais de comunicação, assim como reagir a eles. No entanto, é sempre bom lembrar que as conversas de *coaching* são encontros especiais, quase uma confissão, que exigem uma postura diferenciada dos envolvidos no que se refere à comunicação interpessoal.

As dicas a seguir propõem uma forma de comunicação produtiva, capaz de gerar uma conversa que leve a resultados, ações e alternativas a fatos que o *coach* e o *coachee* tiverem diante de si.

1. Reaja às ideias e não à pessoa.
2. Evite classificar seu interlocutor prematuramente.
3. Não tire conclusões antes do tempo.
4. Esteja atento aos seus preconceitos e emoções.
5. Seja paciente.
6. Fale menos e pergunte mais.
7. Escute o que é dito e como é dito.
8. Livre-se das distrações e vá direto ao ponto.
9. Não confronte o *coachee* e vice-versa.
10. Escute sempre com um espírito amistoso.

Ouvir de maneira ativa

Ao longo da vida, à medida que amadurecemos, vamos aperfeiçoando nossa maneira de falar. Aprendemos a escolher as palavras certas, mais precisas para expressar nossos sentimentos, sabemos que tipo de ênfase verbal podemos utilizar em diferentes situações sociais, conseguimos o vocabulário mais adequado para as mais diferentes situações. No entanto, não prestamos a mesma atenção à possibilidade de desenvolvimento da nossa maneira de ouvir os outros.

Como acontece na fala, há diversas maneiras de ouvir alguém, e essa é uma habilidade que também pode ser desenvolvida.

Para o *coaching*, dois tipos de escuta têm grande importância: ouvir de maneira passiva e ativa.

Ouvir passivamente é quando quem ouve não responde verbalmente a quem fala. O fato de não existir a resposta verbal por parte de um dos interlocutores não quer dizer obrigatoriamente que a comunicação inexista, pois um olhar, uma expressão fácil, um balançar afirmativo ou negativo da cabeça podem ser formas claras de comunicação, mesmo que não verbal.

Em um processo de *coaching*, a escuta ativa – quando quem ouve responde verbalmente – é certamente a que pode gerar maior interação entre as partes, permitindo que o *coachee* se sinta, de fato, ouvido e compreendido. Nesse tipo de escuta, quem ouve pode, por exemplo, solicitar que o outro aprofunde o raciocínio que estiver fazendo. Quem ouve também pode parafrasear, ou seja, repetir de maneira proativa o que foi dito pela outra parte, fazendo com que suas afirmações se tornem ainda mais claras.

Dessa maneira, os envolvidos na conversa demostram que entenderam as afirmações, preocupações ou opiniões do outro, que estão refletindo sobre elas e que têm interesse em continuar o diálogo.

Mas a escuta ativa tem armadilhas e a mais comum é um dos interlocutores parar de prestar atenção ao que o outro diz ou pior, interromper sua fala. Não é preciso muito esforço para imaginar o constrangimento que essas situações podem causar.

A comunicação não verbal, citada quando nos referimos à maneira passiva de ouvir, ocorre todo o tempo, em todas as situações em que as pessoas entram em contato umas com as outras. Em nossas conversas cotidianas, no entanto, não precisamos dedicar muita atenção à compreensão da comunicação não verbal, posto que isso acontece quase que institivamente.

No processo de *coaching*, entender esse tipo de comunicação sem palavras é de grande importância. Observá-la, concentrando-nos nas expressões faciais ou na ênfase que a outra pessoa dá às palavras ou frases, pode nos ajudar a nos manter focados, resistindo às distrações que se encontram à nossa volta é até no pensamento. Escutar, de maneira geral – tentando decifrar os sentimentos do interlocutor, como se estivéssemos na sua cabeça –, melhora nosso entendimento do que ele realmente quer dizer, o que pode tornar a comunicação mais precisa.

Advérbios proativos

Perguntar aponta para o futuro. Quando questionamos alguém sobre seus planos, sobre como pretende colocá-los em prática, quando chegará à sua meta ou para quem está fazendo algo, nós o convidamos a refletir e a sintonizar sua mente nas atividades futuras.

Saber perguntar é uma das qualidades insubstituíveis de um *coach*, uma vez que o processo de *coaching* tem exatamente esse objetivo: preparar o *coachee* para seus próximos passos.

Perguntas bem-feitas, precisas e encorajadoras são capazes de criar o ambiente necessário para o *coachee* expor com clareza e confiança suas dúvidas e certezas. Sem essa comunicação, o *coaching* não tem razão de ser.

Mas perguntar exige cuidados. Questões colocadas sem a necessária sensibilidade podem fazer com que o *coachee* se sinta pressionado ou, pior, julgado. O *coachee* não pode se colocar numa posição defensiva, permanecendo frio a qualquer nova ideia que, em situação diversa, ele analisaria como fator que agregaria valor a seus planos.

Perguntar alguma coisa para estimular o outro a pensar sobre aquilo por um ângulo inédito estabelece um diálogo franco, empático e rico. Essa é uma grande habilidade que permitirá a *coach* e *coachee* constituírem de fato uma equipe, que tratará os assuntos que surgirem de forma afinada e comprometida com um bom resultado comum.

A escolha dos advérbios interrogativos mais adequados pode ajudar, e muito, a desencadear uma comunicação de qualidade entre as partes. Como? Com o quê? Onde? Para quê? Para quem? São expressões interrogativas capazes de fazer surgir uma produtiva troca de ideias, e o *coach* pode usá-las com proveito em seu roteiro de perguntas para o *coachee*.

Vejamos algumas perguntas e o que o *coach* pode obter com elas:

Para que você quer fazer isso?

Essa indagação é de grande importância, apontando para a motivação das pessoas, revelando sua ética e seus valores – o motivo que as fazem caminhar para frente. A pergunta "Para quem você quer fazer isso?" é uma variação dessa questão. Há muitas respostas possíveis: por dinheiro, para a família, para ter prestígio, para ser alguém melhor. Enfim, aqui se revela a identidade do *coachee*. Mesmo que se transforme com o passar do tempo, não importa. Ter uma meta definida, um motivador claro, é de grande importância para o amadurecimento e o crescimento profissional de alguém.

Como você vai realizar isso?

Este é o momento de falar de ações, planos e realizações. Trata-se da definição das estratégias para que as metas, anteriormente definidas, possam se tornar realidade. É a partir dessa pergunta que se discutem os comportamentos a serem seguidos e a definição das estruturas que servirão de apoio no processo de *coaching*.

O que você gostaria de fazer?

A resposta a essa questão, por sua vez, está na essência do processo de *coaching*. São as metas, os objetivos e os sonhos que serão colocados nesse momento. A extensão dessas metas, ou seja, até onde o *coachee* quer ir, tanto no presente quanto em seus projetos de longo prazo, pode ser estudada indagando-se "o quanto" ele quer realizar de seus sonhos.

Onde e como você está?

Essa pergunta pode ser a chave para o *coachee* descrever seu ambiente de trabalho e as relações que mantém com seus pares e superiores. Seu ambiente pessoal e familiar também deve ser lembrado, como um desdobramento dessa questão central, à medida que tem influência sobre sua *performance* profissional.

Ao explicar "como está", o *coachee* poderá vislumbrar questões sobre o que, eventualmente, pode vir a ser um desafio para si. Esperanças, frustações, medos e raivas podem emergir como resposta a uma questão que, embora pareça simples, pode trazer à luz muitos significados.

Todas essas questões são relevantes no processo de *coaching*. Elas podem ser repetidas e relembradas em todos os encontros, sem jamais se esgotarem. Cabe ao *coach* ajudar o *coachee* a construir as respostas para cada uma delas e, ao final, este terá uma visão clara dos ganhos e benefícios que poderá alcançar. É um momento de transformação e amadurecimento, o objetivo final do *coaching*.

Em encontro do processo de *coaching*, algumas expressões podem ser desastrosas. Uma delas é o inocente "por que". É claro, em determinados contextos, e colocada com habilidade, essa locução interrogativa pode soar neutra. Mas, em outros, convida o interlocutor a se justificar, a se remeter a questões do passado ou mesmo a se queixar de sua má sorte. Essas posturas entravam o processo de *coaching*, já que pouco acrescentam ao movimento interior do *coachee*, cuja tônica é a descoberta, o progresso e o olhar para o futuro.

A seguir, dicas para tornar uma conversa de *coaching* mais produtiva:

- Faça perguntas que induzam o *coachee* a refletir sobre as questões, antes de respondê-las.
- Não apresente mais de uma pergunta de cada vez, sob o risco de elas não serem respondidas.
- Controle a ansiedade e não interrompa a resposta de seu *coachee*.
- Considere a comunicação não verbal de seu *coachee* e dê *feedback* a ele.
- Utilize você também a linguagem não verbal, quando for apropriado.
- Espere sempre resposta à sua pergunta.
- Comece a conversa sempre falando de um assunto geral e, depois, trate de temas específicos.
- Não aceite respostas genéricas.
- Não faça deduções; pergunte até se certificar de ter entendido perfeitamente o ponto tratado.

Capítulo 11

A construção de um projeto de *coaching*

As vantagens que o *coaching* traz para as pessoas e para as organizações (bancas) já foram explicadas nos capítulos anteriores. Mas, em que momentos, na vida dos indivíduos (advogados) e das organizações, esse processo torna-se mais eficaz para transformar de maneira decisiva seus caminhos?

O profissional da área Jurídica, seja trabalhando individualmente ou para empresas (bancas), têm, em várias fases da vida, necessidades muito parecidas, que vão muito além de ganhos financeiros. Os grandes escritórios precisam, entre outras coisas, reter bons profissionais para garantir seus resultados. Mas também necessitam de equipes motivadas, estruturação de personalidade e de cultura empresarial, o que não é diferente do advogado que trabalha como profissional liberal.

Embora isso pareça atender a todos os nossos mais otimistas desejos sobre o trabalho ideal, a natureza humana nos faz achar que isso ainda não é suficiente. Internamente, temos anseios, inquietações, carências e implicâncias que, de certa forma, compõem nosso emocional, que quase sempre é o que decide sobre o que queremos ser, fazer e construir.

O *coaching* possibilita trazer essas dimensões psicológicas para um espaço de conversa, que contribuirá para o crescimento individual ou em um ambiente de trabalho em uma organização.

Ganhos individuais

Há diferentes razões que recomendam a alguém participar de um processo de *coaching* na condição de *coachee*. Nessa dinâmica, ele pode encontrar desde um ambiente seguro e confiável, no qual receberá um *feedback* sobre seu desempenho, até a presença de alguém disposto a ouvir suas ideias, necessidades, incertezas e projetos, além de opinar sobre sua viabilidade. Dificilmente um advogado vai encontrar um colega mais experiente disposto a lhe revelar o que é bem aceito, o melhor caminho a seguir, o que não pode fazer no mundo jurídico. No *coaching* de advogados, esclarecer as *nuances* dessa cultura e ajudar o *coachee* a se dar bem nesse contexto é um dos principais assuntos a serem tratados nos encontros.

Como já dissemos, os resultados vão de aumento da autoconfiança, capacidade de assumir riscos e atuar em setores que vão além do seu conhecimento. Isso traz maior visibilidade profissional, faz surgir melhores oportunidades e prestígio junto a seus pares.

Podemos destacar outros ganhos no processo de *coaching*:

- Desenvolvimento da capacidade de aprender novas técnicas e habilidades específicas.
- Melhor conhecimento profissional e organizacional.
- Capacidade de aceitar críticas sem se sentir ofendido.
- Confiança e tranquilidade nos momentos de mudanças e escolhas.
- Autonomia, independência e maturidade.
- Abertura de novos horizontes profissionais.
- Visão política.
- Relacionamento interpessoal.
- Ajuda para resolver problemas.

Ganhos para empresas jurídicas

Para empresas jurídicas, várias necessidades podem ser atendidas pelo *coaching*. Uma das aplicações surge quando se busca maior densidade à cultura da empresa. Ali, o conhecimento estratégico necessita ser transmitido dos mais velhos para os mais jovens, sem que esse conhecimento seja comprometido, ameaçando a competitividade da empresa.

No momento em que um escritório se prepara para dar um salto qualitativo, que demandará o desenvolvimento de novas competências entre os seus funcionários de maior *performance*, o processo de *coaching* é a melhor solução para identificar potenciais com maior precisão, reter talentos, encorajar e apoiar aqueles mais arrojados e inovadores, facilitar mudanças e ajudar os advogados a se adaptarem a novas funções.

Há inúmeras situações em que um escritório (banca) poderá contar com o *coaching* para enfrentar novos desafios, veja exemplos:

- Facilitar pessoas na sucessão.
- Dar apoio e condições de desenvolvimento àqueles que integram minorias étnicas ou que tenham necessidades específicas.
- Aumentar o nível de satisfação e garantir o bom clima de trabalho.
- Desenvolver o grau de confiança, respeito e confidencialidade entre seu pessoal.
- Criar um processo interno de desenvolvimento de pessoas com menor custo.
- Facilitar a compreensão da visão e da missão da empresa.
- Incrementar a qualidade de entrega como resultado da maior competência e da autoconfiança.
- Aumentar o espírito de equipe.

Passo a passo

Uma das boas qualidades do processo de *coaching* é o pouco investimento exigido por parte do indivíduo ou da empresa que decidir implementá-lo. Como sua matéria-prima é o conhecimento, poucos serão os casos em que haverá necessidade de um novo curso – somente nos individuais –, muitas vezes, para os escritórios, o próprio advogado sênior poderá ser o *coach*.

Os bons resultados de um processo de *coaching*, no entanto, serão alcançados se a dinâmica seguir alguns passos essenciais e contar com o compromisso firme não só dos *coaches* e *coachees* envolvidos, como também de todos em volta do *coachee*: família, amigos e empresa.

De maneira esquemática, são as seguintes etapas necessárias para um processo de *coaching*:

Definição dos *coachees*

Quando o processo de *coaching* tem a iniciativa de um escritório (banca), a necessidade de implantá-lo parte da área de Recursos Humanos ou de um sócio. Nesse caso, será designado um responsável pela consultoria interna que organizará o processo, ou na falta dessa pessoa, contratará um profissional externo especializado em *coaching*. O primeiro passo será definir quem serão os advogados que participarão do processo.

O objetivo final será proporcionar os instrumentos para que esse grupo ou pessoa dê um salto qualitativo em seu desempenho. A escolha dos *coachees* dependerá, é claro, da necessidade da empresa. Podem ser escolhidos aqueles advogados que precisem ampliar seus conhecimentos para serem capazes de tomar decisões mais rapidamente ou para se adequar a uma mudança de rumos da empresa, ou mesmo alguém que enfrente um dilema de carreira, enfim, inúmeras possibilidades. O desafio, nessa escolha, portanto, é identificar os *coachees* cujo desenvolvimento atenderá a uma demanda estratégica do escritório.

Definição dos *coaches*

Embora não haja nenhum impedimento em convocar um *coach* para participar do processo, é recomendável que sua colaboração seja voluntária, isso para processos em escritórios. O segundo passo é, portanto, identificar as pessoas com conhecimento de funções específicas e da cultura organizacional. É importante que os *coaches* tenham visibilidade no escritório e sejam reconhecidos como exemplos a serem seguidos. É função da área de Recursos Humanos ou dos sócios orientar e mobilizá-los a assumir o processo educativo requerido pelo *coaching*. Uma dessas orientações é propor que o futuro *coach* reflita honestamente e com maturidade sobre sua disposição em doar parte do seu tempo e da sua energia para compartilhar seus conhecimentos, orientar e escutar seu *coachee*.

Quando se trata do processo de *coaching* feito por um advogado que atua como profissional liberal, essa escolha fica mais fácil, pois parte dele a necessidade de passar pelo processo. Tendo sua real necessidade em mente, basta procurar um profissional que atenda a todas as suas expectativas.

A dinâmica do *coaching*

Tanto para a etapa de escolha dos *coaches* e dos *coachees* quanto para essa, o RH ou os sócios poderá(ão) organizar reuniões internas, a fim de esclarecer a dinâmica de funcionamento e os compromissos que devem ser assumidos. Esse esforço de esclarecimento deve ser feito individualmente para *coaches* e *coachees*, já que em alguns momentos os temas serão tratados de forma diferente para cada grupo ou indivíduo, mas ambos devem ser inteirados sobre a metodologia a ser aplicada: como se administra o tempo, os objetivos, os possíveis ganhos e o papel que cada um desempenha; como programar os encontros; como se preparar para um encontro. A explicação da maneira como os *coaches* e *coachees* se conhecerão também será feita nessa fase.

Discussão detalhada do processo

Nessa fase, em que a dinâmica do *coaching* é explicada, um dos pontos que mais despertam a curiosidade dos participantes é a forma de as partes se apresentarem, tanto antes da definição das duplas *coach/coachee* quanto no primeiro encontro. Detalhes como esses, e outros mais específicos, como a necessidade de se ter um caderno para anotar o que se conversa nos encontros, os temas que poderão ser tratados e os locais de encontros costumam provocar dúvidas e temores, que o RH ou os sócios podem ajudar a diminuir em pequenas reuniões antes de os encontros começarem.

Encontro de compartilhamento

Mesmo não sendo uma determinação imposta, as recomendações de que os encontros entre o *coach* e o *coachee* sejam mensais e que o processo tenha a duração de um ano são fortemente aconselhadas, porque os escritórios e mesmo o profissional que atua de forma liberal, nesse tempo, conseguem medir suas *performances* e determinar os melhores caminhos a seguir. Mas é de grande importância que ocorra em intervalos menores – para o *coaching* aplicado em escritórios –, que o RH ou os sócios faça(m) encontros de compartilhamento das experiências dos *coaches* e, da mesma forma, de *coachees*. Esses encontros podem eventualmente contar com a presença de um *coach* externo para avaliar a evolução do processo. É o momento de propor reflexões, que podem ser idênticas para *coach* e *coachee* como: Qual o conhecimento que o *coach* está agregando para você? Que tipo de habilidade você adquiriu com esse processo? Tem conseguido manter seus compromissos? Quais foram os maiores desafios enfrentados nesse processo?

Fechamento da dinâmica

Depois que o processo de *coaching* se estabelece, a partir do primeiro encontro entre o *coach* e *coachee*, a participação do RH ou dos sócios só se fará fora dos encontros de compartilhamentos, em casos específicos. Um exemplo seria a eventual decisão de um par, *coach* e *coachee,* descontinuar o processo, o que pode ocorrer por uma das partes não estar satisfeita ou cumprindo com os compromissos. Ao final dos 12 meses, no entanto, organiza-se o fechamento do processo com um balanço das atividades realizadas. Questionários e entrevistas detalhadas podem ser feitos com os participantes a fim de que o escritório tenha um dossiê da experiência. Esse momento é recomendável para a apresentação dos resultados aos sócios.

Já no processo feito externamente, cabe ao *coach* apresentar esse relatório ao *coachee*, identificando todos os pontos e objetivos trabalhados e alcançados sobre as metas. E orientar sobre a necessidade de um acompanhamento ou não por mais um período.

Sobre os envolvidos

Os escritórios que poderão tirar maior proveito do processo de *coaching* são, portanto, aqueles que compreendem a importância de preservar sua cultura, que procuram descobrir e investir nos talentos internos e entendem a importância de manter um processo educacional ativo para todos os seus integrantes. Também se dão melhor nesse processo aqueles estruturados em uma hierarquia não muito compartimentada e formal, já que a essência é o diálogo vertical entre os integrantes mais experientes e os que contam com menos tempo na carreira.

Uma exigência para que o processo de *coaching* tenha sucesso é que a alta direção acredite integralmente na sua unidade e divulgue essa certeza clara e amplamente para todos no escritório.

Listamos alguns pontos fundamentais a serem considerados para determinar a escolha por um programa de *coaching*:

- Por que é preciso um programa de *coaching*?
- O que queremos alcançar?
- Quais são as metas a serem atingidas pelo programa?
- Temos a certeza de que um programa de *coaching* se afina com nosso escritório e nossos valores?
- O processo de *coaching* já vem acontecendo de maneira informal no escritório?
- Em algum momento já tentamos desenvolver um processo de *coaching* no escritório? Qual o resultado alcançado?
- Quem serão os *coaches* e *coachees*?
- Quem vai selecioná-los?
- Quem deverá ser *coachee*? Por quê?
- Precisamos traçar um perfil de *coach* ideal?
- Teremos um grupo de *coachees* ou *coachee* individual?
- Quanto tempo durará o processo?
- Como será sua dinâmica?
- Quais metas traçaremos para eles?
- Como saberemos se elas foram atingidas?
- Que recursos são necessários para realizar o programa?
- Temos esses recursos?

Os programas bem-sucedidos costumam ser aqueles nos quais *coaches* e *coachees* se oferecem voluntariamente para participar. Mas, não raro, o escritório torna obrigatória a adesão dos escolhidos para serem *coachees*. Também é recomendável, quando possível, que o *coachee* possa escolher seu *coach*, como no caso de um advogado que atua como profissional liberal, ele faz essa escolha. Uma dupla com empatia já tem "meio caminho andado" para o sucesso; portanto, quanto mais natural e informal essa dupla, melhor.

Parte 3

Capítulo 12

Resiliência para o *coaching*

Embora pouco difundido, o termo resiliência é frequentemente utilizado em países desenvolvidos na Europa, no Japão e nos Estados Unidos como sinônimo para designar países que investem pesado no empreendedorismo e na livre iniciativa; não existe meio-termo, ou você é uma coisa, ou é outra. Nesse sentido, o *coaching* é um aliado da resiliência como forma de evoluir positivamente frente a novas situações.

Culturalmente somos diferentes, mas para vencer temos que lutar, e o advogado tem que pensar como empreendedor, porém, para isso, precisa de características essenciais, que vão além de querer ganhar dinheiro, precisa apresentar alto grau de resiliência.

A resiliência é um conceito oriundo da física, que é a capacidade que alguns materiais têm de acumular energia e sofrerem transformações e se recuperarem. Atualmente, o termo vem sendo altamente difundido no mundo dos negócios para identificar pessoas que têm a capacidade de retornar ao seu equilíbrio diante das pressões do ambiente de trabalho, ou seja, desenvolvem habilidades que permitem lidar com problemas mantendo o equilíbrio. E o *coaching* para advogados junto à resiliência são aliados essenciais para essa nova era dos profissionais da advocacia.

Totalmente pertinente para o advogado, que tem que recuperar e superar dificuldades do trabalho diário a que é submetido com atendimento ao cliente, audiências, prazos, imposições e privações da Justiça, o *coaching* tem a função de desenvolver a capacidade de resiliência no advogado.

O *coaching* aplicado para desenvolver a resiliência em advogados tem demostrado que uma parte das pessoas submetidas ao processo consegue superar todos os tipos de dificuldades e alcança o sucesso.

Um dos fatores que podem influenciar o sucesso na carreira de um advogado é o desequilíbrio entre liberdade e dependência do dinheiro. Sem recursos financeiros, por melhor que seja a capacidade do advogado, seu empreendedorismo não dará certo.

Quantos advogados desejariam dar um pontapé na mesa do escritório ou mandar o chefe viajar? Mas não o fazem pelo dinheiro que deixariam de ter se perdessem o emprego ou deixassem de captar novos clientes. Assim, nada fazem, pois o dinheiro é um fator que pesa nestes casos.

Quantos advogados deixam de se desenvolver profissionalmente, apesar de terem ideias boas, mas não possuem recursos suficientes para empreender? Com as técnicas de *coaching* aplicadas e a capacidade de resiliência, há chance de buscar um trabalho capaz de satisfazer as necessidades para ser feliz e alcançar a liberdade e a independência tão sonhadas.

Precisamos deixar claro que, para o advogado ou qualquer outro tipo de profissional, há uma diferença fundamental entre gostar de dinheiro e gostar de ganhar dinheiro. A primeira proposição cria dependência; já a segunda, cria a liberdade por meio dele.

Nesse sentido, está a diferença entre os advogados-empreendedores e os demais, pois os empreendedores aprenderam a conviver com o dinheiro de forma positiva, entendem que ele não é importante, e sim como ganhá-lo e aplicá-lo.

Em tese, o que queremos dizer é que a diferença entre um advogado com liberdade para empreender e um advogado que depende de terceiros passa por diversos fundamentos, mas um dos mais importantes será saber ganhar dinheiro e fazer bom uso dele.

O advogado não pode sair da escravidão da miséria, do emprego ou do desemprego (falta de clientes) para cair na escravidão do dinheiro.

Para os advogados-empreendedores, o dinheiro é o objeto, não o objetivo, e esse é um dos aspectos que os diferenciam dos demais advogados. Eles sabem que, para ganhar mais, necessitam saber investir no próprio escritório, no *marketing* pessoal e em equipamentos, pois estão sempre investindo os ganhos em seu próprio negócio.

Os advogados-empreendedores convivem com o dinheiro como fator de alavancagem de sucesso. Assim, desenvolver a resiliência fará com que advogados que não tenham essa característica cheguem a uma carreira bem-sucedida por meio do *coaching*.

Como já vimos, com o processo de *coaching* o advogado passa a ter uma visão clara sobre a realidade da vida, e aqueles que empreendem têm maior grau de resiliência a ponto de prepará-los para enfrentar qualquer obstáculo.

Não se sabe definir a origem do advogado-empreendedor, se há fator sorte, pois muitos apresentam um histórico de sacrifício, uma origem humilde. Mas há aqueles que tiveram uma vida mais abastada, porém não se acomodaram e foram à luta. Ou seja, são oriundos das mais diversas camadas sociais e níveis culturais. Assim, o grau de resiliência nada tem a ver com a posição social ou o nível cultural, e pode ser desenvolvido com técnicas de *coaching*.

Nas técnicas de *coaching* abordadas, é preciso que o *coach* tenha total conhecimento da situação para desenvolver no *coachee*, ter foco claro sobre os objetivos a alcançar e, para os advogados-empreendedores, que são vencedores, uma das regras do jogo é não entrar para perder.

Para o *coach* aplicar a resiliência é preciso ter conhecimento de todas as regras e variáveis para fazer com que o advogado não entre em um projeto sem saber o que se espera obter e qual será o padrão de reação de eventuais oponentes, concorrentes, parceiros e clientes, por exemplo.

Apesar da complexidade para desenvolver novos advogados--empreendedores, exige-se que o *coach* tenha conhecimento para propor soluções simples e eficazes, mesmo porque, com a velocidade das mudanças na Justiça, não podem perder tempo com aspectos incoerentes com o foco do cliente, para que o sucesso não demore muito a chegar.

Outro objetivo é desenvolver um senso de praticidade nos advogados para que possam desenvolver alto grau de resiliência.

Os advogados-empreendedores, ao desenvolverem um projeto de resultado de longo prazo, criam aferidores intermediários, para que possam servir de marcação sobre os pontos parciais a serem alcançados. Se os resultados parciais não forem alcançados, procuram entender o que ocorreu e corrigem seus erros. O *coach*, ao aplicar técnicas de resiliência, tem como foco principal marcar esses pontos para atingir os pontos positivos acima da média.

O *coach*, ao aplicar a resiliência, precisa agir como mola propulsora, como incentivador, sabendo dosar os desafios para não tornar o advogado um obstinado doentio. Buscar nas metas estabelecidas o lado prazeroso, dos benefícios a serem alcançados: combinação entre o raciocínio lógico e a intuição.

Saber o que quer, autodisciplina, perseverança e fé são características fundamentais para que o *coach* possa transformar um advogado em empreendedor. O foco claro voltado a resultados permite ao advogado, por meio das técnicas de *coaching*, ter uma expressiva sensibilidade de análise, autocrítica e aprendizado com seus próprios erros.

De todas as funções do *coach* anteriormente mencionadas, outra de grande importância é fazer com que o advogado aguce seu poder de observação, por meio da intuição – uma das características do empreendedor –, para que aumente sua sensibilidade de análise e interpretação dos fatos.

Empreender é ter capacidade de autocrítica, pois ela vai funcionar como uma válvula reguladora de suas ações e omissões e o *coach* vai atuar como auditor, gerenciando acertos e erros, proporcionando aprendizado constante com os erros empreendidos.

Desenvolver um advogado-empreendedor por meio de um processo de *coaching* é aplicar a autossuperação, pois empreender é sempre encontrar um significado para tudo que se faz ou acontece, principalmente diante de circunstâncias mais difíceis.

Realizar o processo de *coaching* com resiliência significa ter em mente que o processo visa encarar riscos com certa segurança, principalmente no mundo jurídico, no qual não há certezas absolutas. Entretanto, para vencer é preciso arriscar. E aqueles advogados que desenvolvem a resiliência estão aptos a enfrentar esses riscos e, a saber, recuar, quando for necessário.

É um processo sistemático de aprendizado buscando saber o significado do que ocorreu. Nessa situação, o importante para o *coach* é resgatar o potencial humano do *coachee* para transformar uma fatalidade em um grande empreendimento, convertendo uma virtude em uma conquista, pois dos erros tiramos o melhor aprendizado.

Até como resultado das características apresentadas, o *coaching* de resiliência precisa encontrar uma forma de superar as dificuldades de maneira rápida e eficaz. Entre as diversas características relatadas, existe uma em particular que empurra as pessoas para frente: a autoestima. Nos empreendedores, em geral, é ampliada, e sempre impulsionada positivamente para levá-los à constante melhora na condição de vida.

Há, nesse aspecto, uma convenção de fatores movendo os resilientes para frente, pois com a elevada autoestima estão outros dois fatores fundamentais: criatividade e inovação. Ambas resultam da observação e curiosidade, algo que empreendedores têm naturalmente, mas que podem ser trabalhadas em conjunto entre o *coach* e o advogado, sempre de forma questionadora. Sendo assim, ao observarem um fato, buscam um significado, até como parte de aprendizado constante.

Geralmente, os empreendedores não se conformam com soluções banais, e é assim que um advogado precisa agir, sem se acomodar, é buscar um significado e criar soluções ou saídas inovadoras. Possuir sempre uma posição de questionamento é acreditar que mais importante que o conhecimento é a curiosidade e a vontade de aprender sempre. É enxergar o além, vislumbrar oportunidades no momento em que todos enxergam somente problemas e transformar aparentes dificuldades em oportunidades.

Como já dissemos, aprender com seus próprios erros é uma forma de aprendizado. Para isso, o *coach* precisa orientar o advogado a ter extraordinária disciplina nas ações e adaptabilidade nas relações de causa e feito. Faz-se necessário estabelecer as correções fundamentais, ajustando as estratégias para enfrentar a realidade dos fatos.

Para que tudo isso aconteça de forma eficiente, fatores como disciplina permitem a geração da ação e da reação em tempo real. Isso, pois o fator tempo na vida do advogado na maioria das vezes é crucial para conseguir sucesso em uma determinada demanda. Além disso, saber a hora certa de ajustar o caminho pode evitar que um erro maior aconteça e ponha a perder tudo o que foi planejado.

Nesse aspecto, o *coach* precisa desenvolver a disciplina para ser um elo entre os demais fatores, como a intuição, a concentração, o foco no problema, a sensibilidade, a autocrítica e outros. Assim, a resiliência permite aprender com os próprios erros, a ponto de o advogado-empreendedor estar disciplinado para encarar a adaptabilidade à nova realidade como fator positivo.

Capítulo 13

O *coaching* na velocidade de crescimento do mundo

Nas últimas décadas, têm surgido constantemente novas atividades na economia, tecnologia e principalmente na esfera jurídica, ao mesmo tempo que tantas outras desapareceram ou estão à beira da extinção.

A evolução tecnológica proporciona a mudança de usos e costumes e faz alterações significativas no mundo jurídico. Portanto, temos de estar preparados para esse fenômeno no momento de decidirmos onde investir nosso tempo, talento e dinheiro. Por essas razões, o *coaching* se torna uma ferramenta tão valiosa e importante nesse processo de crescimento do mundo globalizado.

Hoje vivemos em um mundo multifacetado e o advogado precisa se adaptar a essa nova realidade, quebrar paradigmas de um conceito jurídico preso a raízes jurídicas arcaicas para uma visão moderna. Porém, muitos não estão se adaptando a essa nova realidade e somente por meio de um processo de *coaching* conseguirão evoluir com a velocidade das mudanças ocorridas no mundo, como as dos novos meios de comunicação, mídias sociais e outros.

Nesse sentido, podemos dizer que nossa vida está sendo alterada radicalmente pelo avanço do conhecimento humano, haja vista os inúmeros produtos e serviços que temos ao nosso alcance com o advento das novas tecnologias. Obviamente, a mecânica da Justiça não poderia ficar de fora dessa evolução, como exemplo podemos citar o processo eletrônico.

O *coaching*, nesse processo de evolução, surge como solução para ajudar esse advogado mais resistente a essas mudanças, pois nesse cenário em que vivemos, formado por mudanças constantes e cada vez mais velozes, vale a tese de que devemos analisar as tendências e, a partir dessa análise, fecharmos melhor o foco naqueles setores de oportunidades cada vez mais crescentes.

Como *coaches*, temos constatado que a maioria daqueles que buscam um programa de *coaching* visam à qualidade de vida atrelada ao crescimento profissional agregado às novas tecnologias. Para sermos mais precisos, trata-se de atividades ligadas a setores como o de Tecnologia da Informação, com equipamentos digitais e outros que fazem com que a vida do advogado seja mais produtiva e otimizada.

A evolução do conhecimento não gera apenas novas atividades ou produtos. A própria sociedade desenvolve novos hábitos de comportamento que incentivam a criação de novas tendências, que fazem com que o judiciário se adapte, evolua e crie novas leis, fazendo do advogado um ser em constante transformação.

No capítulo anterior, vimos que o advogado-empreendedor consegue detectar oportunidades quando todos enxergam dificuldades; indo além, podemos dizer que há uma correlação direta entre os fatores de sucesso com a velocidade de crescimento do mundo.

Por outro lado, precisamos desmitificar que o advogado-empreendedor é aquele que trabalha por conta própria, exclusivamente. Há um incontável número de advogados que ocupam cargos de direção, gerência ou de supervisão, ou mesmo ocupações técnicas e operacionais, e que podem muito bem representar ótimos modelos de referência em empreendedorismo. Esses advogados não desejam de forma alguma deixar seus cargos para criar seu próprio negócio, preferindo seguir e construir uma vida profissional ligada a uma empresa que os contrate e que valorize sua capacidade empreendedora. Assim, a visão do advogado precisa evoluir, pois seu papel não está atrelado somente à advocacia no sentido "escrito", podendo evoluir para outros caminhos.

Diante dessa constatação, podemos afirmar que a realização pessoal dos advogados não possui caminho único, assim como é importante registrar que esses caminhos estão em todos os tipos de atividades socioeconômicas.

Nossa proposição, entretanto, é mostrar que há uma incidência de combinações entre o perfil do advogado e o empreendedorismo e que a busca por um processo de *coaching* pode indicar caminhos possíveis para o desenvolvimento do senso empreendedor com uma visão para o futuro.

Para o advogado, não basta reunir uma série de características pessoais e técnicas jurídicas para alcançar o sucesso. Elas são importantes e imprescindíveis, e tornam-se efetivamente eficazes sempre quando canalizadas a uma atividade que também reúna condições especiais para satisfazer sua necessidade. Portanto, muitas vezes o advogado não consegue vislumbrar esse caminho sozinho.

Em nossa pesquisa, vimos que os advogados estão, em sua grande maioria, alocados em atividades ligadas somente à advocacia consultiva, contenciosa e preventiva, nos ramos tradicionais do Direito: Civil, Trabalhista, Penal, Tributário e Previdenciário.

Entre essas áreas encontram-se inúmeras atividades, todas altamente recompensadoras, desde que você esteja – como já dissemos – correndo na direção certa e trilhando o caminho de sucesso por meio de uma atividade em um segmento altamente rentável e promissor. É questão de abrir os olhos para sair do tradicional e buscar sem medo novas áreas do Direito como: Digital, Ambiental, Compliance, Petróleo e Gás, e Moda.

E não só nessas novas áreas que o advogado moderno pode atuar, buscando também essa renovação na carreira em empresas privadas como bancos, multinacionais de transportes, aviação, automobilismo, moda ou na área de serviços, como Turismo, Hotelaria e Telecomunicações.

O mais curioso é que encontramos advogados em todas essas atividades, mesmo em menor número. Portanto, identificamos inúmeros que não conseguem lograr êxito, e a indagação aqui é: Por que isso acontece?

Já conseguimos resolver boa parte da questão quando analisamos as características individuais de um advogado: pela sua formação tradicional e pelo medo de mudar. Nesse sentido, há diversos pontos de convergência entre desenvolver uma advocacia tradicional ou escolher um caminho alternativo moderno na área Jurídica.

No nosso caso em particular, o *coaching* está diretamente envolvido para auxiliar o advogado nessa mudança. Invariavelmente, quando uma oportunidade vem, sair da zona de conforto causa receio e o mais cruel da história é estar sem apoio. Na busca de melhoria de vida, ou de encontrar uma saída para o desemprego, abraçam qualquer coisa, e o resultado é mais frustrante do que a situação anterior.

Mesmo os mais experientes erram e fracassam. Erram não por conhecerem os fatores críticos de empreender, ou ainda, muitas vezes, são levados pelo momento, pela ansiedade ou por outra situação particular.

No afã de acertarem, concentram suas energias e talento em atividades sem considerar o que dará satisfação pessoal, portanto, a ajuda de um profissional de *coaching* será a combinação perfeita para prosperar na carreira.

Capítulo 14

Coaching como inovação

O próximo aspecto a ser considerado é a inovação, pois não basta escolher uma área com taxas de crescimento superiores à média, e cujo ciclo de vida esteja em crescimento. Não é igualmente suficiente a combinação dos fatores mencionados com sua necessidade pessoal.

Outro valor nessa composição é a inovação, para que a atividade escolhida pelo advogado seja diferenciada, não só pelo serviço, mas que apresente a inovação como atributo mais importante.

Inovação vai bem mais além do que fazer algo diferente. Ela está ligada ao inusitado, àquilo que foge dos parâmetros praticados ou conhecidos, seja na concepção da atividade ou em suas características técnicas. Para a área Jurídica, a inovação está em descobrir soluções para a celeridade da Justiça, resoluções alternativas de conflitos, novas tecnologias para o processo, algo que realmente surpreenda.

O maior inimigo da inovação é a melhoria contínua. Muitas ideias trazidas para a prática da advocacia são constantemente aperfeiçoadas, recebendo melhorias e aperfeiçoamentos, porém mantêm sempre forte ligação com a teoria original.

As teorias inovadoras são aquelas que fogem desse conceito. A melhoria contínua é também importante, pois ajuda no crescimento da procura por novas teses e teorias. Pensando assim, a inovação é um grande salto no conceito de novas técnicas aplicadas ao direito e a melhoria contínua é o aperfeiçoamento do que já existe.

O que e como será não sabemos, mas será algo de efetiva mudança, porque o inesperado, o diferente, faz parte do contexto da inovação.

Teses e teorias novas rompem com o passado e com o que é conhecido, trazendo nova proposta conceitual, seja na forma de aplicar a lei ou na posição da doutrina.

Como podemos deduzir, essa inovação combinará características de sucesso que, pela própria inovação, gerarão um novo ciclo de vida no posicionamento jurisprudencial, processual e ideológico dos mecanismos da Justiça. E essa inovação já é algo que frequentemente a Justiça vem buscando e incentivando.

A inovação na área Jurídica não está somente em novas teses. Os serviços e as práticas judiciais, aliás, oferecem muito mais condições para novos desafios. Veja o exemplo do processo eletrônico.

Elas inovam não no tipo do processamento disponível, que é algo tangível, mas rompem qualquer barreira de usos e costumes do velho processamento físico, trazendo a inovação nas necessidades do advogado e do público, a economia, a celeridade. No que tange aos serviços agregados, há sempre grande potencial de inovação.

Como vimos na primeira parte do livro, a busca pelo processo de *coaching* é movida por pessoas com um forte senso de mudança, de gerar oportunidades de carreira e de vida, mas que por algum motivo encontram dificuldades de realizá-las. Portanto, na escolha do *coaching* certo para cada perfil, lembre-se de que você poderá também inovar.

A inovação é fruto de fatores, como demostraremos a seguir:

Observação e curiosidade constantes

A visão do advogado que quer passar por um processo de *coaching* precisa ser essencialmente questionadora sobre fatos e acontecimentos ao seu redor – característica de empreendedores. Devem possuir forte poder de observação e procurar sempre interpretar o que acontece e porque acontece.

Como já vimos, para ser um advogado-empreendedor, é preciso ter expressiva sensibilidade de análise, autocrítica e aprendizado com os próprios erros.

As grandes inovações surgiram exatamente de ideias e conclusões de pessoas curiosas e inquisitivas, dois fatores que um advogado precisa ter na sua essência.

Como neste capítulo nossa proposta é inovar em todos os aspectos, você, como advogado, deve procurar desenvolver seu senso de observação e aguçar ao máximo a curiosidade sobre fatos ligados a temas de seu interesse profissional.

Procure observar como o comportamento de advogados bem-sucedidos e empreendedores é capaz de influenciar sua carreira. Procure entender em detalhes o mecanismo dos procedimentos da atividade jurídica. Dessa forma, você poderá colher subsídios para sua análise em busca da inovação.

Ser diferente e criar o inesperado

Como dissemos, um dos maiores inimigos da inovação é a melhoria contínua. Inovação é sinônimo de inusitado, de surpreendente. Portanto, um dos principais pontos críticos de sucesso dos advogados ao inovar reside no fato de proporem algo novo, sem comparação.

Na escolha do segmento em que quer inovar, observe o poder de inovação que optará. Como a área Jurídica é altamente competitiva e dinâmica, sem contar com o peso da traição, é importante que sua escolha recaia em segmentos e atividades do Direito que estejam constantemente inovando, e não buscando simplesmente a melhoria contínua.

A inovação está ligada à vanguarda, por isso significa antecipação. Teses e doutrinas inovadoras são criadas a partir de ideias e *insights* jamais imaginados, e que possam efetivamente surpreender pelas soluções propostas.

Assim, vimos que observar, ser curioso e diferente são fatores para inovar. Muitos advogados possuem essas características, mas novamente se repreendem por fazerem parte de uma profissão enraizada nos moldes clássicos do Direito.

Para tanto, um *coach*, ao aplicar as técnicas, pode quebrar barreiras, desenvolvendo mais essa característica importante na carreira do novo advogado.

Capítulo 15

Coaching – para estabelecer e manter redes de contato

A essência do sucesso no processo de *coaching* está intimamente ligada ao relacionamento interpessoal. Não é possível pensar em obter sucesso na advocacia ou na vida pessoal, se não gostarmos de nos relacionar com outras pessoas.

Nosso objetivo até aqui foi buscar debater a prática do *coaching* e identificar os fatores para o desenvolvimento de uma carreira de sucesso para o advogado. O processo de *coaching*, como foi apresentado, é feito por ciclos e a relação entre *coach* e *coachee* aumenta o vínculo de confiança, e o relacionamento entre eles na busca da realização dos objetivos programados.

É muito difícil criar um vínculo de amizade e confiança com clientes (em todos os aspectos). Porém, como já mencionamos, a partir do momento em que esse cliente parceiro, colaborador ou empregador passa a confiar em você, tudo muda, tudo fica mais fácil e claro, e você conseguirá vender sua imagem ou qualquer coisa: um serviço, uma ideia ou um projeto. De forma geral, o relacionamento interpessoal constante e recorrente cria vínculo.

Identificar a importância da rede de relacionamentos como fator de sucesso, entre o advogado e seus clientes, é tão significativo que necessita de uma especial atenção por parte do *coach*, ao traçar os objetivos do *coachee*.

Cliente é aquele que confia em você, no seu serviço. Quantos clientes você imagina que são fiéis a você ou a um escritório, empresa, consultoria? Bem poucos, basta um deslize, como a perda de um prazo, para que busque outro.

O fator crítico de sucesso na área Jurídica está mais ligado a promessas falsas, à falta de *feedback* e a não criação de vínculo entre as partes do que à sentença favorável ao cliente.

Portanto, criar um vínculo de confiança com o cliente faz com que você renove seus contatos, valorizando seu serviço. Assim, cada vez mais ficará difícil a entrada de um concorrente ou mesmo a disposição deste cliente para mudar de advogado.

Vale lembrar que valor é conceito mental. Preço é o que se paga, valor é o que se leva para casa: a satisfação do serviço bem prestado.

Independentemente do serviço prestado, o principal valor que as pessoas consideram, muito mais que o serviço oferecido, é a confiança transmitida.

Temos de considerar também como ponto positivo dessa dinâmica o fato de que essa confiança no advogado será comunicada e comentada pelos clientes a outros potenciais clientes, parceiros etc.

Um cliente satisfeito recomenda seus serviços aos amigos, parentes e outros, o que irá ajudá-lo a abrir novas oportunidades, aumentando sua rede de clientes. Essa sinergia resulta em um efeito exponencial, criando uma rede de contatos cada vez maior e mais consistente.

Com esta obra, queremos contribuir para que muitos possam encontrar um novo caminho, que traga de volta a esperança neste mundo de incertezas que é o jurídico.

Tudo que narramos até aqui é totalmente acessível a qualquer pessoa, independente da condição cultural, econômica ou social. Neste mundo interativo, de tantos canais digitais e contatos imediatos de todas as espécies, você, que investiu seu tempo na leitura desta obra, fique à vontade para compartilhar sua opinião.

Posfácio

Em busca de outras competências

Vivemos em um mundo que experimenta constantes mudanças em todos os aspectos. Assim também se comporta o universo jurídico e isso exige cada vez mais da advocacia. O bom advogado deve atualizar-se constantemente; porém, outras competências – além dos domínios jurídicos – compreendem essa necessidade, como o planejamento profissional, a identificação dos talentos, o conhecimento do mercado de trabalho e o desenvolvimento pessoal. Esses e outros aprendizados auxiliam, por exemplo, o novo advogado na difícil tarefa de optar por uma área de atuação – que pode durar toda a sua vida –, o advogado experiente que deseja migrar de segmento, ou aquele que quer explorar outras atuações no cenário empresarial. Em suma, buscamos alta *performance*, motivação ao longo da carreira e qualidade de vida em tudo o que fizermos.

E a boa notícia é que existe o *coaching*, uma ferramenta que contribui eficazmente para nosso aprimoramento profissional e pessoal.

Pensando nessas necessidades e nos benefícios do *coaching,* este livro, que conta com a chancela da Comissão do Jovem Advogado da OAB/SP, vem para contribuir, e muito, para o nosso desenvolvimento, oferecendo técnicas que proporcionarão maior empregabilidade, modernização e superação de desafios, preservando, contudo, o equilíbrio que deve existir entre vida pessoal e profissional.

Marcos da Costa[1]

---

1   Advogado e presidente da Ordem dos Advogados do Brasil – Seção São Paulo (OAB/SP).

Agradecimentos

Agradeço à minha família, em especial aos meus tios Sebastião e Marilda, pela confiança e pelo apoio incondicional, à tia Rosa Márcia, pela amizade e dedicação, aos tios Cida e Longuine, Ana Maria e Ferretti, Joaquim e Monica, Ana Teresa e Gerson, Ana Rosa, José Ricardo e Jairinho. Cada um foi importante em uma fase da minha vida, contribuindo para que pudesse chegar até aqui. Agradeço às minhas primas, Ivy – que ajudou nas minhas primeiras linhas como escritor –, e Andréia Maris, mesmo distante meu amor e gratidão por você são eternos. Tânia Mara e Guto – que me ajudaram muito nos meus primeiros meses em São Paulo – e Maria Teresa, sem vocês não teria chegado até aqui.

Agradeço aos meus irmãos e amigos e, ao meu eterno mestre Prof. Luciano R. Paes Leme, pelo contínuo aprendizado. Agradeço também ao Dr. Everton Zadikian, ao Dr. Leandro Nava e ao Dr. Marcos pelo apoio constante.

Julio Azevedo

Agradeço primeiramente a Deus por me abençoar a cada dia e proporcionar uma contribuição a colegas advogados que iniciam nesta maravilhosa carreira.

Aos familiares que sempre acreditaram no meu potencial e me orientaram, sempre alicerçado pela ética e valores humanos universais.

Minhas homenagens ao Dr. Marcos da Costa, que sempre me incentivou a servir à Advocacia com idealismo e simplicidade. E a todos os membros da Comissão do Jovem Advogado, que criaram um verdadeiro laboratório e observatório para o desenvolvimento desta obra.

Ao coautor, Dr. Júlio Azevedo, por todo o aprendizado e momentos de troca de experiências, com certeza também aprendi muito.

Everton Simon Zadikian

A marca FSC® é a garantia de que a madeira utilizada na fabricação do papel deste livro provém de florestas que foram gerenciadas de maneira ambientalmente correta, socialmente justa e economicamente viável.

Esta obra foi composta em CTcP
Capa: Supremo 250g – Miolo: Pólen Soft 80g
Impressão e acabamento
Gráfica e Editora Santuário